단숨에 읽고 박식하게 깨치는 한국사

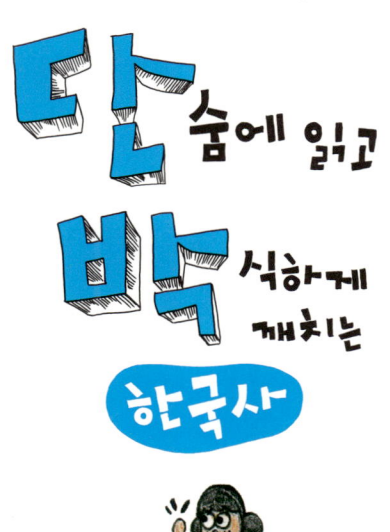

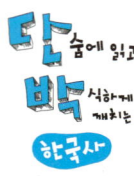

초판 1쇄 발행 | 2010년 6월 17일
12쇄 발행 | 2024년 7월 25일

글쓴이 | 오주영
그린이 | 홍수진

발행인 | 박장희
대표이사 겸 제작총괄 | 정철근
본부장 | 이정아
편집장 | 조한별

기획위원 | 박정호

마케팅 | 김주희, 한륜아, 이현지

디자인 | 디자인꾼

발행처 | 중앙일보에스(주)
주소 | (03909) 서울시 마포구 상암산로 48-6
등록 | 2008년 1월 25일 제2014-000178호
문의 | jbooks@joongang.co.kr
홈페이지 | jbooks.joins.com
네이버 포스트 | post.naver.com/joongangbooks
인스타그램 | @j__books

ⓒ오주영, 2010

ISBN 978-89-278-0046-0 74370
　　　978-89-278-0045-3 74370 (세트)

- 이 책은 저작권법에 따라 보호받는 저작물이므로 무단 전재와 무단 복제를 금하며 책 내용의 전부 또는 일부를 이용하려면 반드시 저작권자와 중앙일보에스(주)의 서면 동의를 받아야 합니다.
- 책값은 뒤표지에 있습니다.
- 잘못된 책은 구입처에서 바꿔 드립니다.

주니어중앙은 중앙일보에스(주)의 어린이 책 브랜드입니다.

단숨에 읽고 박식하게 깨치는 한국사

글 오주영 그림 홍수진

주니어중앙

 **단숨**에 읽고, **박식**하게 깨치는 시리즈, 이런 점이 달라요!

"책을 모두 읽어도 한두 가지만 기억이 나요."
"책 안에 볼 것들이 너무 많아서 뭘 봐야 할지 잘 모르겠어요."
"책을 읽고 흐름을 파악하라고 하는데, 어떤 흐름을 파악해야 하나요?"

우리 주변에는 지식과 정보를 담은 어렵고, 지루하고, 복잡한 책이 참으로 많습니다. 모든 책이 '이것만은 꼭 알아야 한다'고 설명하고 있지만, 그 많은 내용을 어린이들이 기억하기란 쉬운 일이 아닙니다. 이런 문제점을 해결하기 위해 '단숨에 읽고 박식하게 깨치는' 시리즈가 탄생했습니다.

❶ 교과 내용을 쉽게 배울 수 있어서 단박!

모든 학습의 기본은 교과서를 통해 기본을 다지는 것입니다. 제대로 된 교과 연계를 위해 교과서의 핵심 키워드를 뽑아 제목을 만들었습니다. 또한 교과서의 학습 순서에 맞게 내용을 배치했습니다.

❷ 주요 핵심 내용이 한눈에 들어와서 단박!

많은 양의 지식과 정보가 있다고 해도 어린이들이 이해하기는 쉽지 않습니다. 이제 막 지식을 배우는 어린이들의 눈높이에 맞추어 알아야 할 내용을 콕콕 짚어 핵심 내용만 골라 담았습니다.

3 쉽고 단순한 글이 술술 읽혀서 단박!

복잡한 것을 싫어하는 어린이의 특성에 맞추어 최대한 쉽고 짧게 만들었습니다. 어렵고 긴 문장 대신 쉽고 짧은 문장을 사용해 단숨에 읽어 나갈 수 있게 구성했습니다.

4 속이 꽉 찬 그림으로 내용 파악이 쉬워서 단박!

시각적인 것을 좋아하는 어린이를 위해 그림으로 더 많은 이야기를 들려주었습니다. 글을 보조하는 데에서 그치는 것이 아니라 그림이 적극적으로 이야기를 끌어 나갑니다. 많은 정보와 팁을 그림 안에 배치해 내용을 머릿속에 이미지로 수월하게 떠올릴 수 있습니다.

5 두껍지 않아서 단숨에 읽고 내용은 박식하게 깨쳐서 단박!

두께가 두껍다고 지식과 정보가 많이 담겨 있는 것은 아닙니다. 두께가 얇고 가볍지만 내용은 꽉 차서 무거운 책, 억지로 읽히지 않아도 어린이 스스로 찾아서 읽을 수 있는 책이 되기 위해 쉽고, 재미있고, 단순하게 만들었습니다.

단숨에 읽고, 박식하게 깨치는 시리즈, 이렇게 구성했어요!

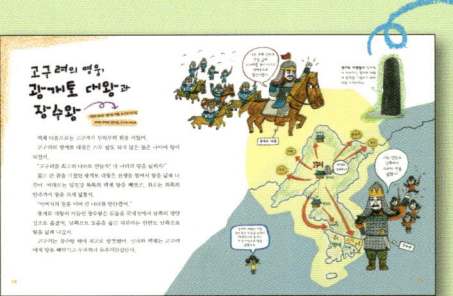

짧고 쉬운 글

문장이 길고 복잡하지 않아요. 핵심 내용만 제시해 부담 없이 술술 읽을 수 있어요.

단순한 구성

모든 주제가 펼침 면으로 단순하게 끝나요. 어느 쪽을 펼쳐도 완결된 이야기를 읽을 수 있어요.

정보가 꽉 찬 그림

많은 정보를 알려 주는 그림이 풍부하게 들어 있어요. 그림의 요소를 하나하나 읽다 보면 전체적인 핵심이 눈앞에 펼쳐져요.

한눈에 보는 연표

각 시대마다 주요 사건들을 단순하게 연표로 정리했어요. 연표를 보다 보면 한 시대의 흐름이 한눈에 들어와요.

생생한 사진

당시 모습을 정확하게 알 수 있는 사진 자료를 넣었어요. 사진을 통해 내용을 쉽게 이해할 수 있어요.

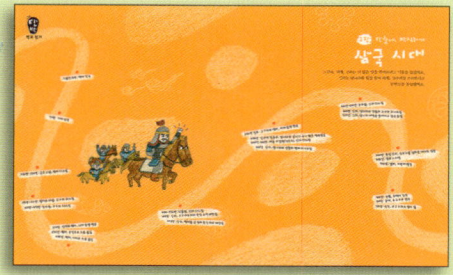

보충 학습

본문 내용과 관련해서 더 알아야 할 것들을 추려 자세히 설명했어요. 보다 깊이 있고 다양하게 학습할 수 있어요.

단숨에 읽고, 백 식하게 깨치는 한국사!

　사람들은 일생 동안 살아가면서 수많은 사건을 겪고, 수많은 경험을 하고, 수많은 사람과 관계를 맺어요. 과거의 사건과 경험, 사람들과의 관계는 지금의 자신을 이루는 바탕이 되지요. 우리나라의 역사도 이와 같아요. 사람의 짧은 일생에 비할 수 없는 길고 긴 세월 동안 일어난 수많은 사건들이 지층처럼 쌓여서 오늘날 우리나라의 역사를 만들었지요.

　한반도에 자리 잡은 우리나라 사람들은 거란, 여진, 몽골, 일본 등 외적이 쳐들어올 때마다 꿋꿋이 맞섰답니다. 일제가 강제로 우리나라를 통치할 때에도 끊임없이 독립 운동을 펼치며 빼앗긴 나라를 되찾기 위해 노력했고, 해방이 되어 대한민국이 세워진 다음에는 민주주의를 이루기 위해 많은 사람들이 나섰어요. 이런 수많은 사건들이 현재의 우리나라를 있게 한 바탕이 되었지요.

이 책은 단숨에 읽고 박식하게 깨치는 우리나라 역사책이에요. 선사 시대부터 대한민국까지 우리 역사를 한눈에 훑어보며 큰 흐름을 알 수 있도록 하는 데 중점을 두었어요. 쉽고 단순한 글을 술술 읽으면서 속이 꽉 찬 그림을 보다 보면, 큰 흐름 속에서 꼭 알아야 할 중요 사건들이 박식하게 머릿속에 쏙쏙 들어오지요.

단숨에, 박식하게, 우리 역사를 알아가기 위한 첫 걸음을 힘차게 떼어 보아요!

오주영

차례

1장 선사 시대에서 고조선으로

돌을 떼어 쓴 구석기 사람들…14
똑똑해진 신석기 사람들…16
더 똑똑해진 청동기 사람들…18
첫 나라 고조선…20
철 있는 나라들이 가득…22

박식하게 우리 문화재 알기
고조선의 청동기…24

2장 삼국 시대

고구려, 백제, 신라로 모여!…28
가야와 알에서 태어난 임금님…30
유교를 받아들인 백제 근초고왕…32
고구려의 영웅, 광개토 대왕과 장수왕…34
요리조리 수도를 옮긴 백제…36
신라를 두 배로 키운 진흥왕…38
당나라와 친해진 신라, 사라진 백제…40
고구려는 물리치고, 당나라는 쫓아내고…42
고구려의 뒤를 이은 발해…44
통일 신라의 무역왕 장보고…46
삼국 시대로 돌아갈까?…48

박식하게 우리 문화재 알기
특색 있는 삼국의 미술…50

3장 고려 시대

한반도를 통일한 고려…54
고려를 바꿔 나간 태조 왕건…56
똑똑하면 시험을 쳐라!…58
고려를 찾아온 아라비아 상인들…60
고려를 노린 거란…62
콧대 높은 문신, 화가 난 무신…64
강화도로 도읍을 옮기고…66
원나라의 지배에서 벗어난 공민왕…68

박식하게 우리 문화재 알기
고려의 자랑, 청자와 팔만대장경…70

4장 조선 전기에서 중기

조선을 세운 이씨 임금님…74
유교 정치를 한 조선…76
나누고 정리한 태종과 발전시킨 세종…78
누구나 글을 쓸 수 있다면…80
자세한 법을 담은 《경국대전》…82
조선을 차지하려는 일본의 욕심…84
청나라를 섬기는 건 정말 싫어!…86

박식하게 우리 문화재 알기
세종 대왕 시대의 과학 발명품…88

5장 조선 후기

달라진 농사법, 늘어나는 수확…92
시장에 나타난 짤랑짤랑 엽전…94
똑똑한 서민 말뚝이 등장이오!…96
내가 옳다! 내가 맞다! 싸우는 양반들…98
쓸모 있는 게 좋은 것…100
천주교를 믿으면 안 된다고?…102
사람이 곧 하늘인 동학…104
나라의 문을 굳게 닫은 흥선 대원군…106
일본에 항구를 열어 준 '강화도 조약'…108
조선을 간섭하는 일본과 중국…110
조선에 자리 잡은 기독교…112
나라를 걱정한 동학 농민들…114
변화의 바람을 일으킨 갑오개혁…116
우리 땅에서 벌어진 청일 전쟁…118
고종 황제의 커다란 슬픔…120
독립문을 세우고, 〈독립신문〉을 내고…122

박식하게 우리 문화재 알기
우리의 빛나는 기록 문화재…124

6장 나라를 되찾기 위한 노력과 대한민국 수립

껍데기만 남은 나라…128
고종 황제를 끌어내린 일본…130
나라를 위해 나선 의병들…132
'국권 피탈'로 잃어버린 나라…134
태극기 들고 만세를 부른 사람들…136
빼앗긴 나라를 되찾기 위한 독립 투쟁…138
전쟁에 빠진 일제와 제2차 세계 대전…140
기다리고 기다리던 광복이 됐지만…142
총선거를 따로 할까, 같이 할까…144
전쟁이 만든 상처…146
학생들이 이끈 4.19 혁명…148
경제 성장의 빛과 그늘…150
5.18 민주화 운동…152
6월 민주 항쟁…154
IMF를 이겨 내고, 북한과 가까워지고…156

박식하게 우리 문화재 알기
독립 투쟁과 관련된 사적…158

연표 읽기

약 70만 년 전: 한반도에 구석기 시대 시작

기원전 6천 년경: 한반도에 신석기 문화 시작

기원전 2천 년경: 고조선 시작

기원전 1천 년경: 한반도에 청동기 문화 시작

1장 단숨에, 박식하게
선사 시대에서 고조선으로

돌 무기를 만들어 사냥하던 사람들이 돌 도구로 농사를 짓게 되었어요. 청동기 시대에는 한반도 최초의 나라인 고조선이 세워졌어요.

- 기원전 2세기: 북만주에 부여 건국
- 기원전 108년: 고조선 멸망
- 기원전 37년: 고구려 건국
- 기원전 4세기: 한반도에 철기 문화 보급

돌을 떼어 쓴 구석기 사람들

약 70만 년 전 : 한반도에 구석기 시대 시작

엄마랑 아빠, 아이가 동굴 속에 피워 놓은 모닥불 주위에 둘러앉았어. 엄마가 고기를 굽는 동안 아빠는 무른 돌을 단단한 돌에 대고 쳤어.

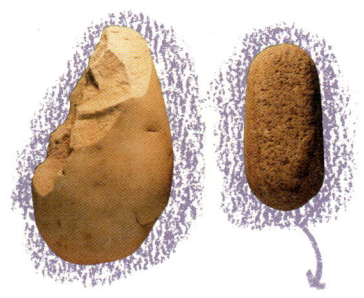

주먹 도끼와 망치돌 주먹 도끼는 물건을 자르거나 땅을 팔 수 있는 작은 도끼예요. 망치돌은 다른 돌을 쳐서 뗀석기를 만들 때 썼어요.

딱! 딱! 딱!
"아빠, 뭐 하는 거예요?"
"돌조각을 떼어 내는 거야. 떼어 낸 돌로 사냥을 할 거란다."
먼 옛날, 구석기 시대 사람들은 돌로 도구를 만들어 썼어.

불 - 불로 고기나 조개를 구웠어요.

돌 도구를 만드는 법은 아주 간단했어. 돌을 휙 던져서 깨트리면 됐단다. 단단한 돌로 무른 돌을 쳐서 돌 조각을 떼어 내기도 했어. 그렇게 해서 훌륭한 뗀석기를 만들 수 있었지. 뗀석기는 '떼어 만든 돌 도구'라는 뜻이야.

구석기 시대 사람들은 뗀석기로 짐승을 사냥했어. 바닷가의 조개나 물고기를 잡기도 했고, 산과 들의 열매를 따 먹기도 했단다.

도구 - 돌을 떼어 뗀석기를 만들어 썼어요.

동굴 - 이곳저곳 옮겨 다니며 동굴이나 바위틈에서 잠을 잤어요.

똑똑해진 신석기 사람들

기원전 6천 년경 : 한반도에 신석기 문화 시작

세월이 흐를수록 사람들은 점점 더 똑똑해졌어. 구석기의 뒤를 이은 신석기 사람들은 씨를 뿌리면 그 자리에 싹이 돋고, 점점 자라 열매를 맺게 된다는 것을 깨달았지.

"아하! 씨를 뿌린 다음 기다리면 열매를 따 먹을 수 있구나!"

신석기 사람들은 친척끼리 한데 모여 살며 농사를 지었어. 움집도 만들고 씨앗을 담을 그릇도 만들었지. 게다가 돌을 떼어서 그냥 쓰는 게 아니라 갈아서 도구를 만드는 법까지 생각해 냈어.

"돌창 끝을 뾰족하게 갈아야지."

"이 돌창으로 멧돼지 엉덩이를 콱 찔러 주자고."

사람들은 신 나게 돌을 갈아 도구를 만들었어. 이 도구를 '간석기'라고 해. 돌을 갈아서 만들었기 때문에 붙은 이름이란다.

빗살무늬 토기 표면에 빗살 같은 줄이 새겨지거나 그어져 있는 신석기 시대의 토기예요.

농사 - 농사를 지어 곡식을 거두었어요.

더 똑똑해진 청동기 사람들

기원전 1천 년경 : 한반도에 청동기 문화 시작

한곳에 모여 사는 사람들이 점점 늘어나자 작은 부족 마을이 생겼어. 마을 사람들은 시간이 갈수록 농사를 더 많이 지었어. 농사 도구도 많아졌지. 땅을 팔 때에는 돌괭이를 썼고, 곡식을 거둘 때에는 반달 모양 돌칼로 곡식을 잘랐어.

신석기 때보다 더더욱 똑똑해진 사람들은 쇠붙이를 녹여서 도구를 만드는 법까지 알아냈어.

"구리에 주석이나 아연을 섞어 센 불에 녹이면 걸쭉한 쇳물이 되는데, 이 쇳물을 거푸집에 부어서 식히면 동검이 된다고."

"동검은 돌로 만든 검보다 훨씬 단단하지!"

돌칼 - 반달 모양으로 한손에 쥐고 쓱싹쓱싹 곡식을 잘랐어요.

사람들은 청동으로 검도 만들고, 거울도 만들고, 방울도 만들었어. 하지만 청동으로 만든 도구인 청동기는 귀했기 때문에 아무나 쓸 수 없었어. 힘을 가진 사람들만 청동기를 쓸 수 있었지.

세상은 이제 청동기를 가진 사람과 청동기를 가지지 못한 사람, 힘을 가진 사람과 힘을 가지지 못한 사람으로 나뉘게 되었어. 힘을 가진 사람들은 부족을 다스리게 되었고, 힘이 없는 사람들은 다스림을 받게 되었단다. 이렇게 청동기 시대에 들어서면서 점점 나라의 모습이 나타나기 시작했어.

고인돌 - 청동기 시대 족장의 무덤이에요.

청동기 - 청동을 다루는 장인은 도구를 만드는 기술을 가져서 사람들의 존경을 받았어요.

거푸집 - 쇳물을 부어서 원하는 모양의 도구를 만들어 내는 틀이에요.

족장 - 부족 사람들을 다스리는 사람인 족장이 생겨났어요.

동검 - 청동으로 만든 뾰족한 검이에요.

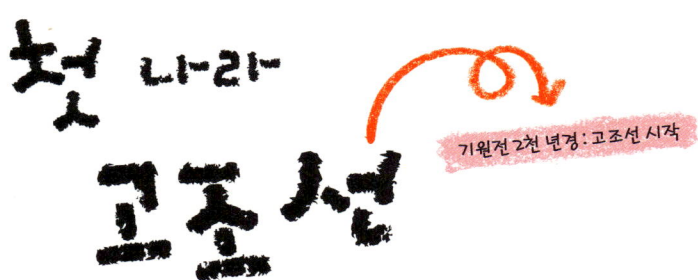

첫 나라 고조선

기원전 2천 년경 : 고조선 시작

한반도의 첫 나라 고조선의 첫 임금은 단군왕검이란다.

고조선이 생겨난 데에는 신비하고 재미있는 이야기가 전해지고 있어.

어느 날, 하느님의 아들인 환웅이 구름과 비와 바람을 다스리는 신하들을 데리고 땅으로 내려왔어. 환웅은 널리 인간을 이롭게 한다는 '홍익인간'의 정신으로 사람들을 다스렸지.

하루는 사람이 되고 싶은 호랑이와 곰이 환웅에게 찾아와 사람이 되게 해 달라고 빌었어. 환웅은 둘에게 100일 동안 동굴에서 마늘과 쑥을 먹으며 지내면 소원을 이룰 수 있을 거라고 약속했어.

호랑이는 참지 못하고 중간에 뛰쳐나가는 바람에 실패했지만 곰은 끝까지 견뎌서 사람이 될 수 있었어.

여자가 된 곰, 즉 웅녀는 환웅과 결혼해서 단군왕검을 낳았지. 이

미송리형 토기 평안북도 미송리에서 나온 무늬 없는 토기로, 비파형 동검과 함께 고조선의 대표적인 유물로 꼽혀요.

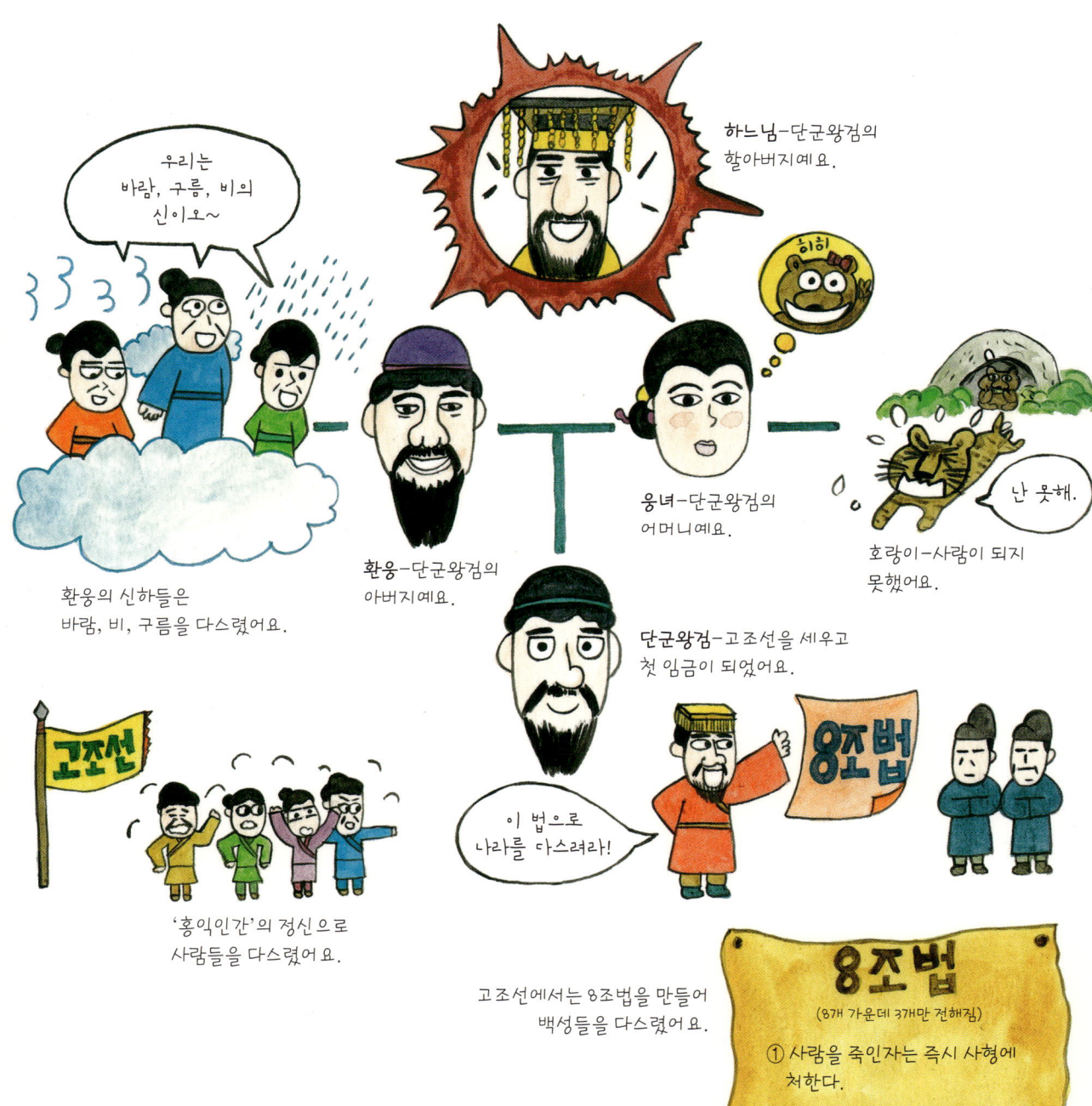

단군왕검이 세운 나라가 바로 고조선이야. 고조선에서는 8조 법을 만들어 백성들을 다스렸단다.

철 있는 나라들이 가득

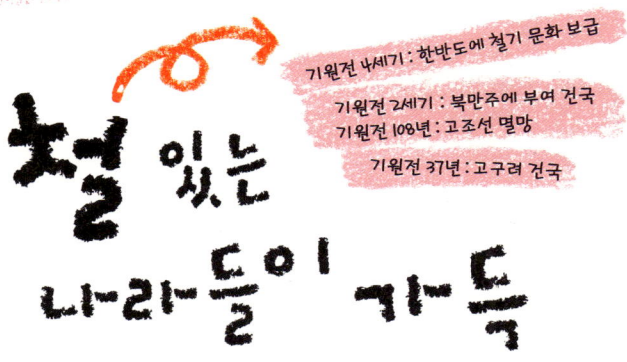

기원전 4세기 : 한반도에 철기 문화 보급
기원전 2세기 : 북만주에 부여 건국
기원전 108년 : 고조선 멸망
기원전 37년 : 고구려 건국

청동기를 쓰던 고조선에 철로 무기를 만드는 법이 알려졌어. 고조선은 청동 무기보다 단단하고 튼튼하고 날카로운 철 무기를 만들어 힘센 나라가 될 수 있었어.

고조선이 사라진 뒤, 한반도에는 새로운 나라들이 생겨났어. 고구려와 부여, 옥저, 동예, 삼한(마한, 진한, 변한) 등의 나라들은 철로 무기를 만들어 썼어.

"철 무기는 청동 무기보다 강력해!"
"철 무기가 있어야 안심할 수 있어."

철이 없는 나라는 철을 가진 나라에서 철을 사다가 무기를 만들었단다.

철로 괭이, 도끼 등을 만들어 농사도 지었지. 벼농사도 이때부터 짓기 시작했어.

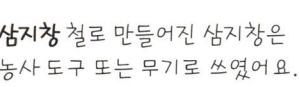

삼지창 철로 만들어진 삼지창은 농사 도구 또는 무기로 쓰였어요.

 박식하게 우리 문화재 알기

고조선의 청동기

고조선에서는 어떤 무기를 썼나요?

고조선에서는 청동으로 된 청동 무기를 썼어요. 고조선 사람들은 비파형 동검과 세형 동검을 함께 사용했답니다.
비파형 동검은 중국의 악기인 비파처럼 부드러운 곡선 모양이에요. 옛 고조선 땅에서만 찾을 수 있고, 중국 황하 중류나 시베리아 지방에서는 발견되지 않아요.

비파형 동검

세형 동검은 다른 검에 비해 작고 가늘어요. 세형 동검의 날은 30센티미터짜리 자보다 조금 더 크고, 손잡이는 따로 조립할 수 있어요. 만주 지방과 한반도에서 많이 발견되어서 '한국형 동검'이라고도 불러요. 비파형 동검과 함께 고조선의 무기로 널리 쓰였답니다.
비파형 동검과 세형 동검이 나온 지역을 합쳐 보면 옛날에 고조선이 얼마나 커다란 나라였는지 알 수 있어요.

고조선에 거울이 있다고요?

고조선에서는 청동으로 거울을 만들었어요. 거울 앞면은 매끄럽게 만들었고 거울 뒷면에는 삼각형, 사각형, 동그라미 등 기하학적 무늬를 촘촘하게 새겨 넣었어요.
청동 거울의 앞면은 반들반들해서 잘 닦으면 정말 얼굴을 비춰 볼 수도 있었어요. 그렇지만 청동 거울은 얼굴을 보기 위해 만든 게 아니었어요.
이 당시의 청동 거울은 다른 사람들을 다스리는 족장 같은 사람이 몸을 꾸미는 데 쓰는 도구였어요. 청동 거울을 차고 있으면 햇빛이 거울에 반사되어 반짝반짝 빛났기 때문에, 다스리는 사람은 더욱더 훌륭하고 힘 있게 보일 수 있었지요.

청동 거울

청동 방울은 무엇에 쓰나요?

고조선에서는 청동 검, 청동 거울과 함께 청동 방울을 만들었어요. 고조선에서 만든 청동 방울에는 방울이 8개나 달려 있었어요. 청동 방울을 흔들면 안에 들어 있는 구슬이 움직이며 짤랑짤랑 요란한 소리를 냈지요.
고조선의 청동 방울은 장난감이 아니었어요. 다스리는 사람을 더 훌륭하고 돋보이게 만들어 주는 도구였지요. 하늘에 제사를 지낼 때, 다스리는 사람은 청동 방울을 크게 흔들었어요. 그러면 사람들은 천둥처럼 울리는 청동 방울 소리를 무서워하면서도 높이 우러렀어요.

연표 읽기

기원전 18년: 백제 건국

42년: 가야 건국

346년~375년: 근초고왕, 백제 다스림

391년~413년: 광개토 대왕, 고구려 다스림
413년~491년: 장수왕, 고구려 다스림

540~576년: 진흥왕, 신라 다스림
551년: 신라, 고구려로부터 한강 유역 빼앗음
553년: 신라, 백제를 공격해 한강 하류 빼앗

433년: 신라와 백제, 나제 동맹 맺음
475년: 백제, 웅진으로 도읍 옮김
538년: 백제, 사비로 도읍 옮김

2장 단숨에, 박식하게
삼국 시대

고구려, 백제, 신라는 더 많은 땅을 차지하려고 다툼을 벌였어요.
신라는 당나라와 힘을 합쳐 백제, 고구려를 쓰러뜨리고
한반도를 통일했어요.

661년~681년: 문무왕, 신라 다스림
668년: 신라, 당나라와 연합해 고구려 무너뜨림
676년: 신라, 당나라 세력을 몰아내고 삼국 통일

642년 전후: 고구려와 백제, 여제 동맹 맺음
648년: 신라의 김춘추, 당나라로 건너가 군사 원조 약속받음
654년~661년: 태종 무열왕(김춘추), 신라 다스림
660년: 신라, 당나라와 연합해 백제 무너뜨림

828년: 통일 신라, 장보고를 청해진 대사로 임명
846년: 장보고 사망
926년: 발해, 거란에 멸망

900년: 견훤, 후백제 건국
901년: 궁예, 후고구려 건국
918년: 왕건, 후고구려의 왕이 됨

고구려, 백제, 신라로 모여!

기원전 18년 : 백제 건국

"고구려로 모여!"
"백제로 모여!"
"신라로 모여!"

한반도에 생겨났던 크고 작은 나라들은 각각 고구려와 백제, 신라로 모여서 합쳐졌어. 고구려, 백제, 신라는 주변의 작은 나라들을 손에 넣고 큰 나라로 쑥쑥 자랐어.

그러면 이 세 나라는 누가 세웠을까?

고구려를 세운 사람은 부여의 왕자 주몽이야. 유화 부인이 낳은 커다란 알에서 태어났지.

백제를 세운 사람은 고구려의 왕자였던 온조란다. 온조는 주몽, 즉 동명성왕의 셋째 아들이야.

신라의 첫 번째 왕은 박혁거세야. 박혁거세는 우물가에 있던 큰 알에서 태어났단다.

으앙~

가야와 알에서 태어난 임금님

42년: 가야건국

낙동강 주변에는 마한, 진한, 변한이라는 작은 나라가 셋 있었어. 이들이 하나로 합쳐지면서 가야라는 나라가 되었지. 가야에는 왕 대신 아홉 명의 족장이 백성들을 다스렸어. 그러던 어느 날, 구지봉이라는 산에서 신의 목소리가 들려오더니 백성들에게 노래를 하면서 춤을 추라고 했어. 백성들은 그 말에 따라 노래하고 춤을 추었지.

"거북아, 거북아, 머리를 내놓아라. 만약에 내놓지 않으면 구워 먹으리."

그러자 하늘에서 상자가 내려왔는데, 그 상자 안에는 황금 알이 여섯 개 들어 있었어. 알이 갈라지면서 그 속에서 아이가 나왔는데, 가장 먼저 태어난 아이가 김수로야. 김수로는 여섯 가야 가운데 금관가야의 왕이 되었고, 남은 다섯 아이들은 각각 다섯 가야의 왕이 되었단다.

고구려, 신라, 가야의 첫 번째 왕이 가진 공통점은 무엇일까? 그래, 바로 '알'에서 나왔다는 거야.

알에서 태어났다니 놀라운걸.

옛사람들은 하늘을 높이 우러렀어요.

하늘을 나는 새가 하늘에 소원을 전해 줄 거라고 생각했지요.

새는 알에서 태어나요. 그래서 옛사람들은 알과 하늘을 연관지어 생각했지요.

이런 이유로 한 나라의 왕이 알에서 태어났다는 이야기가 생겼답니다.

유교를 받아들인 백제 근초고왕

346년~375년 : 근초고왕, 백제 다스림

백제는 삼국 가운데 가장 먼저 발전했어.
백제의 열세 번째 왕인 근초고왕은 똑똑하고 용감했지.
"귀족들의 힘을 줄이고 왕의 힘을 늘리려면 '왕에게 충성하라'라고 가르치는 유교를 널리 퍼뜨려야 해."
근초고왕은 중국에서 유교를 받아들여 귀족들을 누르고 왕의 힘을 키워 나갔어.

금동반가사유상 삼국 시대에 만들어진 불상으로 뛰어난 아름다움을 자랑해요. 국보 제78호예요.

일본에게 학문을 가르친 아직기와 왕인 박사

근초고왕은 백제의 땅을 넓히는 데에도 앞장섰어.

"백제의 힘을 널리 알리자!"

근초고왕은 북쪽으로는 한강 너머까지, 남쪽으로는 남해까지 땅을 넓혔어.

당시 백제는 중국, 일본에까지 건너갔단다. 일본에 유학자들을 보내서 학문을 포함해 여러 가지 문화를 전해 주었지.

고구려의 영웅, 광개토 대왕과 장수왕

391년~413년: 광개토 대왕, 고구려 다스림
413년~491년: 장수왕, 고구려 다스림

　백제 다음으로는 고구려가 무럭무럭 힘을 키웠어.
　고구려의 광개토 대왕은 스무 살도 되지 않은 젊은 나이에 왕이 되었어.
　"고구려를 최고의 나라로 만들자! 내 나라의 땅을 넓히자!"
　젊고 큰 꿈을 가졌던 광개토 대왕은 전쟁을 벌여서 땅을 넓혀 나갔어. 아래로는 임진강 북쪽의 백제 땅을 빼앗고, 위로는 북쪽의 만주까지 땅을 크게 넓혔어.
　"아버지의 뜻을 이어 큰 나라를 만들겠어."
　광개토 대왕의 아들인 장수왕은 도읍을 국내성에서 남쪽의 평양성으로 옮겼어. 남쪽으로 도읍을 옮긴 뒤부터는 한반도 남쪽으로 땅을 넓혀 나갔지.
　고구려는 장수왕 때에 최고로 발전했어. 신라와 백제는 고구려에게 땅을 빼앗기고 두려워서 움추러들었단다.

요리조리 수도를 옮긴 백제

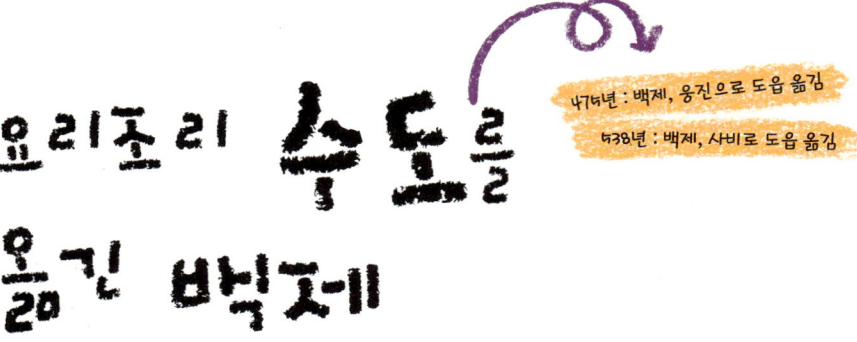

475년 : 백제, 웅진으로 도읍 옮김
538년 : 백제, 사비로 도읍 옮김

고구려의 장수왕이 쳐들어오자, 당시 힘이 약해져 있던 백제는 뒤로 물러날 수밖에 없었어.

"여기는 고구려 군과 가까워서 위험합니다."

"남쪽으로 도읍을 옮겨 고구려를 막아야 합니다!"

백제는 도읍을 한강 근처의 위례에서 금강 근처의 웅진으로 옮겼어. 고구려 군을 막기 위해 남쪽으로 깊숙이 몸을 피한 거야.

그 뒤로 백제는 신라와 힘을 합쳐 고구려를 무찌르기 위해 노력했어. 그러다가 백제는 다시 한 번 도읍을 사비로 옮겼어. 더 남쪽으로 내려간 거야.

"사비에서 힘을 키워 적을 공격해야 합니다!"

사비에서 백제는 열심히 힘을 키웠어. 그리고 다시 신라와 손을 잡고 고구려에게 빼앗겼던 한강 근처의 땅을 되찾았단다.

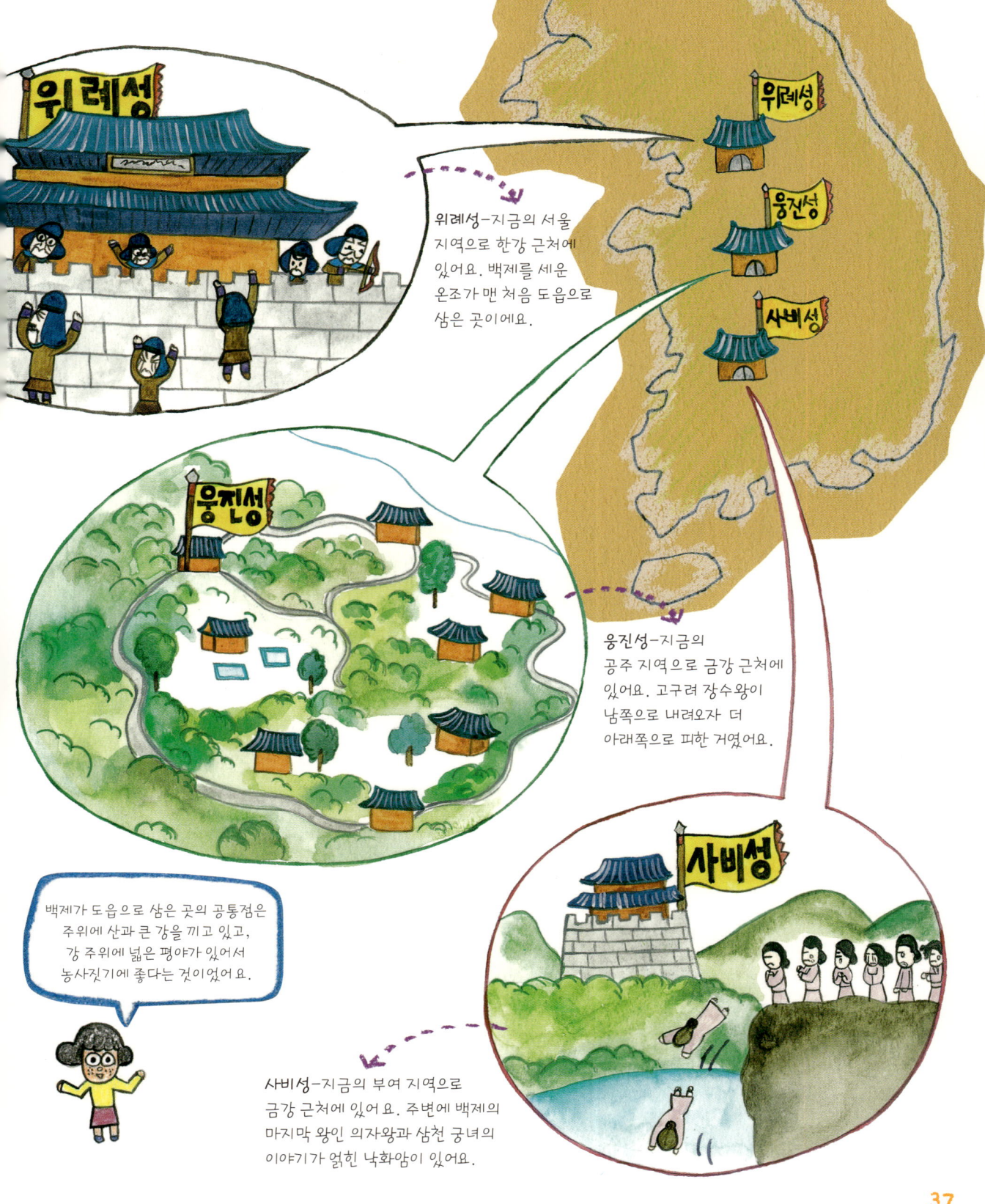

신라를 두 배로 키운 진흥왕

433년 : 신라와 백제, 나제 동맹 맺음
540~576년 : 진흥왕, 신라 다스림
551년 : 고구려로부터 한강 유역 빼앗음
553년 : 신라, 백제를 공격해 한강 하류 빼앗음

신라와 백제는 힘을 합쳐 고구려를 밀어내고 한강을 차지했어. 신라는 한강 상류를, 백제는 한강 하류를 차지했단다. 이때 신라의 왕은 진흥왕이었어.

'한강 상류를 차지한 건 시작일 뿐이야. 신라의 땅을 더욱더 넓혀 나가야지.'

진흥왕은 큰 꿈을 품은 용감한 왕이었어. 화랑 제도를 다시 정비해서 훌륭한 화랑을 길러내며 힘을 키웠지.

때를 기다리던 진흥왕은 백제와 손을 놓고 한강 주변의 백제 땅을 갑자기 공격했어.

신라는 백제가 가지고 있던 한강 주위의 땅을 빼앗고 한강을 혼자 차지하게 되었어. 이제 신라도 한강을 통해 서해로 나가 중국에 오갈 수 있는 길이 생긴 거야.

진흥왕은 신라의 땅을 크게 넓혔어. 낙동강 근처의 가야뿐만 아니라 고구려의 땅이었던

드디어 신라가 한강 유역을 차지했어! 이제 중국과 마음껏 오갈 수 있게 된 거야.

진흥왕

당나라와 친해진 신라, 사라진 백제

642년 전후 : 고구려와 백제, 여제 동맹 맺음
648년 : 신라의 김춘추, 당나라로 건너가 군사 원조 약속받음
654년~661년 : 태종 무열왕(김춘추), 신라 다스림
660년 : 신라, 당나라와 연합해 백제 무너뜨림

친구였던 신라에게 갑자기 공격을 받고 땅을 빼앗기자 백제는 화가 치솟았어. 신라와 백제는 서로 미워하게 되었지. 신라가 밀기는 함흥평야를 빼앗긴 고구려도 마찬가지였어. 그래서 이번에는 백제와 고구려가 손을 잡고 신라를 공격했단다.

이때 신라는 어떻게 했을까? 서해를 건너 당나라로 갔어. 신라의 왕족 김춘추는 당나라의 황제 태종에게 말했어.

"백제와 고구려를 치려고 하니 도와주십시오."

당 태종은 속으로 무척 좋아했어. 그동안 고구려에 쳐들어갈 때

40

마다 계속 졌거든. 신라를 도와서 백제와 고구려를 없앤 뒤 신라를 치려는 속셈이었지. 당 태종은 신라에 병사를 보내 주겠다고 약속했단다.

김춘추는 신라에서 왕위에 올라 태종 무열왕이 되었어. 김춘추가 왕이 되자 신라와 당나라는 더욱더 친해졌어.

그 뒤 백제와 고구려가 신라로 쳐들어오자 신라는 당나라에 군대를 보내 달라고 부탁했어. 신라와 당나라의 군대가 백제로 밀려 들어가자 백제는 힘을 잃고 와르르 무너졌단다.

고구려는 물리치고, 당나라는 쫓아내고

661년~681년: 문무왕 신라 다스림
668년: 신라, 당나라와 연합해 고구려 무너뜨림
676년: 신라, 당나라 세력을 몰아내고 삼국 통일

백제를 무너뜨린 뒤 신라의 왕이 바뀌었어. 태종 무열왕이 죽고 아들인 문무왕이 왕위에 올랐단다.

당나라는 어서 빨리 고구려를 없애고 싶었어. 그동안 몇 번이나 고구려를 쳤지만 번번이 졌거든. 마침내 당나라와 신라는 고구려로 쳐들어갔어. 두 나라의 공격에 고구려의 평양성은 마침내 무너지고 말았지.

그런데 고구려를 물리친 뒤 당나라는 고구려와 백제 땅을 모두 차지하려는 속셈을 드러냈어. 그러자 신라는 당나라와 전쟁을 벌였어.

"당나라에 모두 빼앗길 수는 없다. 당나라를 몰아내자!"

신라는 한반도에서 당을 몰아내고 삼국 통일을 이루었어. 통일 신라의 시대가 온 거야.

삼국 통일에 큰 공을 세운 사람은 세 명이야. 당나라를 끌어들여 백제를 무너뜨린 태종 무열왕 김춘추, 무열왕의 아들로 고구려를 치고

금제아미타불좌상 경주 구황동 삼층 석탑에서 발굴된 통일 신라의 불상으로 국보 제79호예요.

당나라까지 물리친 문무왕, 백제 멸망에서 당나라를 몰아내기까지 무열왕과 문무왕을 도와 큰 공을 세운 화랑 출신의 김유신 장군이 바로 그 세 명이란다.

고구려의 뒤를 이은 발해

698년: 대조영, 고구려를 잇는 발해 건국

신라가 한반도를 통일한 뒤 30여 년이 흘렀어.
옛 고구려의 장수였던 대조영은 자신을 따르는 사람들과 함께 반란을 일으켰어.

"옛 고구려의 영광을 되찾자!"
"이곳은 고구려의 땅이다!"

대조영이 이끄는 무리는 당나라 군을 무찌르고 옛 고구려 땅으로 들어갔어. 대조영은 이곳에 발해를 세웠단다.

발해는 고구려의 뒤를 이었다는 자부심이 무척 큰 나라였기 때문에 고구려 못지않은 커다란 나라를 이루었어.

발해는 고구려 문화와 당나라 문화를 받아들여 독특한 문화를 꽃피웠어.

당연히 고구려를 멸망시킨 신라와는 사이가 좋지 않았단다.

표지석과 돌계단 발해 도읍지였던 상경 용천부의 옛터임을 알리는 표지석과 돌계단이에요. 현재는 사람들에게 잊혀진 채 수풀로 뒤덮여 있어요.

통일 신라의 무역왕 장보고

828년: 통일 신라, 장보고를 청해진 대사로 임명
846년: 장보고 사망
926년: 발해, 거란에 멸망

신라가 삼국을 통일하고 나서 북쪽에 발해가 생긴 뒤로도 오랜 세월이 지났어.

신라 사람인 장보고는 당나라로 건너가 군인이 되었는데, 어느 날 신라 사람들이 해적들에게 잡혀 오는 것을 보고 깜짝 놀랐어.

"신라 사람들을 잡아 와 노예로 팔다니!"

장보고는 당나라 군인으로 일하는 것을 그만두고 신라로 돌아와 왕을 만났어.

"해적을 막아 백성들을 보호해야 합니다."

"알겠네. 병사들을 내어 줄 테니 해적을 막아 주게."

장보고는 완도에 청해진을 설치하고 해적들을 물리쳤어. 그리고 중국-신라-일본을 잇는 국제 무역을 시작했어. 신라에서 만든 것을 중국과 일본에 팔기도 하고, 중국에 들어온 이슬람이나 동남아시아 물건을 일본에 가져다 팔기도 했단다.

장보고는 무역 왕으로 중국과 일본에 크게 이름을 떨쳤어.

삼국 시대로 돌아갈까?

900년 : 견훤, 후백제 건국
901년 : 궁예, 후고구려 건국
918년 : 왕건, 후고구려의 왕이 됨

통일 신라는 뒤로 가며 크게 흔들렸어. 귀족들이 서로 왕이 되려고 다투었기 때문이야. 나라가 흔들리자 여기저기서 반란이 일어났어.

옛 백제 땅에서는 견훤이 후백제를 일으켰어. 옛 고구려 땅에서는 궁예가 후고구려를 세웠지.

한반도는 신라, 후백제, 후고구려로 갈라졌어. 후삼국 시대가 시작된 거야!

이즈음 중국에서는 당나라가 멸망하고 그 틈에 몽골에 살던 거란이 힘을 키웠어.

중국 대륙 - 당나라가 멸망한 뒤 혼란이 찾아왔어요.

후백제 - 견훤이 세운 나라예요.

원래 신라의 장군이었지.

그런데 후고구려를 세운 궁예에게는 주변 사람들을 끌어안는 덕이 없었어. 너무나 가혹하게 사람들을 다스렸기 때문에 결국 왕위에서 쫓겨나고 말았단다.

궁예의 뒤를 이어 왕이 된 사람이 바로 고려를 세운 태조 왕건이란다.

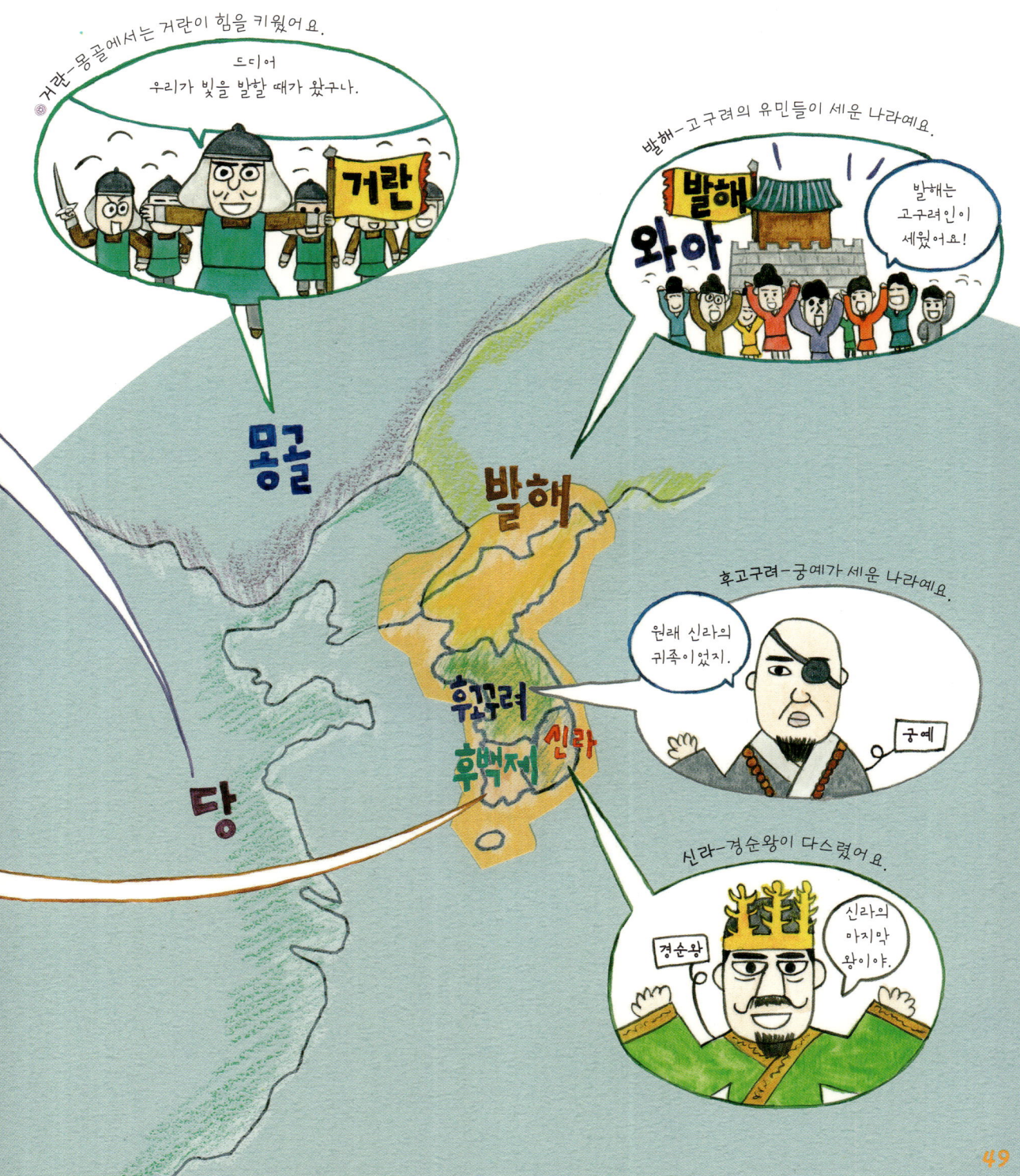

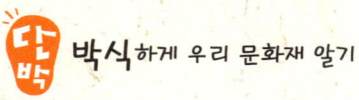 박식하게 우리 문화재 알기

특색 있는 삼국의 미술

씩씩한 고구려의 고분 벽화

신 나게 말을 타고 달리며 사냥하는 고구려의 벽화 '수렵도'를 본 적이 있나요? '수렵도'는 고구려 사람들의 씩씩한 기상을 보여 주는 멋진 그림이에요. 구불구불한 산을 넘으며 활을 당겨 사슴과 호랑이를 사냥하는 모습에는 힘이 넘친답니다. 이 벽화는 고구려의 무덤인 무용총에 그려져 있지요. 고구려의 지배층 사람들은 무용총 같은 커다란 무덤을 많이 지었어요. 무덤 안을 아름답게 색칠하고 무덤을 지키는 '사방신'도 그리고 '수렵도', '행렬도', '연희도' 등의 그림으로 즐거운 모습과 집 안의 모습 등을 멋지게 남겼어요. 살았을 때 누렸던 것처럼 죽어서도 편안하고 호화롭게 살고 싶다는 바람을 무덤에 담은 거예요.

특히 옛 고구려 땅인 북한 지역에 있는 고분 벽화는 2004년에 유네스코 세계 문화유산으로 지정되기도 했어요.

우아한 백제의 금동 대향로

옛 백제 땅에서 발견된 '백제 금동 대향로'는 아주 우아하고 멋진 향로예요. 향로는 향을 피우는 작은 화로랍니다. 금세 날아오를 듯 힘이 넘치면서도 우아한 봉황, 향로 뚜껑의 구불구불 겹겹이 솟은 산, 그 사이사이에 서 있는 악사들·인물들·짐승들, 향로를 감싸고 있는 연꽃잎, 향로를 받치고 있는 한 마리의 용까지 '백제 금동 대향로'의 아

백제 금동 대향로

름다움과 조화로움에는 입을 떡 벌릴 수밖에 없어요.
백제의 가장 큰 특징인 세련됨과 우아함을 모두 갖춘 '백제 금동 대향로'는 국립 부여 박물관에 가면 볼 수 있어요. 우리나라의 국보 제287호랍니다.

위풍당당 통일 신라의 석굴암

삼국을 통일한 뒤 통일 신라는 당당하고 자신에 차 있었어요. 바로 이때 석굴암이 만들어졌어요. 석굴암은 신라만의 아름다움과 당당함, 안정감이 잘 드러난 훌륭한 작품이에요.

석굴암 본존불

석굴암 안에는 본존불이 커다란 연꽃 대좌에 앉아 있어요. 따뜻하고 인자하면서도 웅장하고 엄숙해요. 본존불 주위는 또 다른 훌륭한 불상들이 둘러싸고 있어요.
석굴암은 화강암 벽돌을 일일이 조각해 쌓은 다음 그 위에 흙을 덮어 만든, 세계적으로 보기 힘든 인공 석굴이에요.
불국사 삼층 석탑(석가탑)도 위풍당당 통일 신라의 작품이에요. 석탑의 끝은 날렵하고, 석탑의 몸체는 당당해요. 경쾌함과 안정감이 넘치는, 가장 신라다운 삼층 석탑이지요.
유네스코에서는 석굴암과 불국사를 함께 묶어 세계 문화유산으로 지정했답니다.

연표 읽기

918년: 왕건, 나라 이름을 고려로 고침
935년: 신라의 경순왕, 고려에 항복
936년: 고려, 후백제 공격하고 삼국 통일

976년: 고려, 전시과 시행

993년: 고려의 서희, 거란과 외교 담판
1019년: 고려, 귀주 대첩에서 거란에 승리

1170년: 고려, 무신 정권 수립
1196년: 고려, 최씨 집안의 최충헌 집권 시작

3장 단숨에, 박식하게
고려 시대

고려가 거란의 침입을 물리치고 100여 년이 흐른 뒤, 무신들로 이루어진 무신 정권이 들어섰어요. 이 시기에 몽골이 고려를 침입해 와 전쟁이 40여 년 간 계속되었어요.

1351년: 고려, 공민왕 즉위
1368년~1369년: 고려, 원나라에게서 북쪽의 영토를 되찾음

1231년~1270년: 고려, 몽골과 전쟁
1232년: 고려, 강화도로 도읍 옮김
1236년~1251년: 고려, 팔만대장경 완성
1258년: 고려, 최씨 정권 무너짐
1270년: 고려, 개경으로 도읍 옮김
1270년~1273년: 고려, 삼별초 항쟁

한반도를 통일한 고려

918년: 왕건, 나라 이름을 고려로 고침
935년: 신라의 경순왕, 고려에 항복
936년: 고려, 후백제 공격하고 삼국 통일

궁예의 뒤를 이어 왕위에 오른 왕건은 나라의 이름을 새로 바꾸었어.

"고구려를 잇는다는 뜻으로 나라 이름을 '고려'라고 하고, 도읍을 송악으로 옮기겠소."

그로부터 얼마 뒤, 고려 위쪽에 있던 발해가 거란에게 멸망했어. 고구려의 뒤를 이은 나라였던 발해 백성들은 고려로 넘어왔지.

고려는 점점 강해졌어. 그러자 가장 먼저 신라가 고려에 항복했고, 고려의 공격을 받은 후백제도 곧 무너지고 말았어.

고려가 후삼국을 다시 하나로 통일한 거야.

견훤은 첫째 아들 신검 대신 넷째 아들에게 왕위를 물려주려다 절에 갇히고 말았어요. 신검이 왕위에 올랐지만 힘이 약해진 후백제는 고려의 공격을 받아 무너졌어요.

고려를 바꿔 나간 태조 왕건

고려를 세운 태조 왕건은 살기 좋은 나라를 만들기 위해 노력했어.
"세금을 많이 걷으면 백성들이 힘들 테니 세금을 줄이겠소."
왕건은 이렇게 세금을 줄이고, 불교를 높이는 '숭불 정책'을 펴서 많은 절과 탑을 세웠어.

왕건릉 북한 개성시 개풍군 해선리에 있는 태조 왕건의 무덤이에요.

"모두들 불교를 믿도록 하시오."
옛 고구려 땅을 되찾기 위해 북쪽으로 나아가려는 '북진 정책'도 펼쳤지.
"잃어버린 고구려의 옛 땅을 되찾기 위해 노력하겠소."
대대로 지방에서 자리 잡아 온 세력인 호족들에게도 잘 대해 주었고, 발해의 백성들과 후백제, 신라 사람들도 한데 끌어안으려고 '화합 정책'을 폈단다.
태조 왕건은 고려의 바탕을 차근차근 닦아 나갔지.

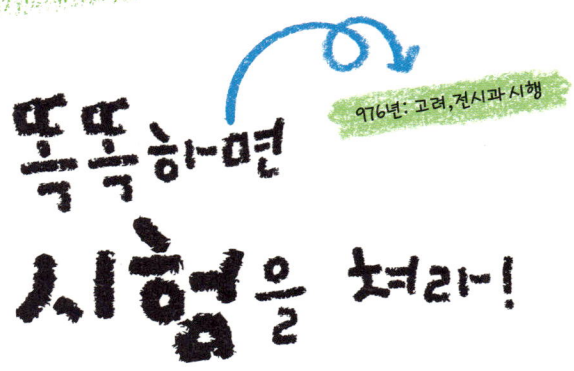

똑똑하면 시험을 쳐라!

976년: 고려, 전시과 시행

고려의 왕들은 더 좋은 나라를 만들기 위해 노력했어. 무엇보다 백성들이 잘 살 수 있게 하려고 애썼지.

그래서 신라 때보다 세금도 줄고 상평창과 혜민국이라는 기관이 생겨서 백성들의 생활이 나아졌어. 또한 시험 제도인 과거제가 생겨서 귀족이 아닌 양인도 관리가 될 수 있었단다.

"똑똑한 사람은 과거 시험에 합격하면 관리가 될 수 있대요."

"귀족이든 양인이든 실력만 있으면 상관없대요."

이 밖에도 고을마다 학교를 세워서 유교를 가르치고 지방 제도도 정비했어.

왕은 지방으로 관리들을 보내 지방을 다스리게 했지. 지방의 호

족은 관리 밑에서 일을 보는 향리를 맡아서 지방관을 도왔어.

이 즈음 중국에서는 송나라가 당나라의 뒤를 이어 중국 대륙을 통일했단다.

고려를 찾아온 아라비아 상인들

"고려의 질 좋은 종이 사세요!"
"멋진 색깔의 고려청자를 만나 보세요!"
　예성강 하구의 무역항인 벽란도는 늘 여러 나라 사람들로 북적거렸어. 벽란도는 고려의 서울인 개경 가까이에 있는 국제 무역항이었어. 가까운 일본과 송나라의 상인들이 자유롭게 드나들며 물건을 사고팔았지.

특히 송나라 상인들이 가져온 비단과 차, 향료 같은 것들이 고려 귀족들에게 커다란 인기를 누렸어. 이들은 고려에서 금, 은, 인삼, 종이, 화문석(꽃 모양을 놓아 짠 돗자리) 등을 사가지고 돌아갔어. 송나라 상인들을 통해 고려의 물건은 널리 알려질 수 있었단다.

파란 눈의 아라비아의 상인들이 찾아오기도 했어. 이 상인들은 고려를 뜻하는 '코레아'라는 말을 바깥 세상에 퍼뜨렸어.

고려를 노린 거란

993년: 고려의 서희, 거란과 외교 담판
1019년: 고려, 귀주 대첩에서 거란에 승리

몽골의 거란은 송나라를 치려고 했어. 그러자니 고려가 목에 걸린 생선 가시처럼 계속 신경 쓰였지. 그래서 고려를 먼저 없애려고 쳐들어왔어. 이때 고려의 서희가 거란의 장수 소손녕과 담판을 지었어.

"우리는 고구려 뒤를 이은 나라요. 고구려의 옛 땅은 우리 땅이 당연하니 물러나시오."

소손녕은 서희의 당당한 주장에 고개를 끄덕이고는 자기 나라로 돌아갔어. 청천강에서 압록강에 이르는 땅도 고려에 내주었어.

그로부터 10여 년 뒤, 거란은 다시 한 번 침입해 왔고, 다시 10여 년이 흐른 뒤 세 번째로 침입해 왔어.

안융진에서 외교 담판을 하는 서희와 소손녕

서희가 되찾은 청천강에서 압록강에 이르는 땅을 '강동 6주'라고 해요.

강감찬 장군은 '강동 6주' 가운데 한 곳인 '귀주'에서 거란을 크게 물리쳤어요.

이때 강감찬 장군이 나섰어. 거란군은 강감찬 장군의 꾀에 넘어가 압록강변의 귀주 근처에서 크게 져서 돌아갔어. 이것이 바로 '귀주 대첩'이야. 그 뒤로 거란은 두 번 다시 고려에 쳐들어오지 못했단다.

콧대 높은 문신, 화가 난 무신

1170년: 고려, 무신 정권 수립
1196년: 고려, 최씨 집안의 최충헌 집권 시작

고려의 신하는 문신과 무신으로 나뉘었어. 문신은 행정을 맡았고, 무신은 군사를 맡았지. 그런데 서희와 강감찬이 문신이었다는 거 아니? 고려에서는 문신을 무신보다 높이 여겼어. 무신을 다스리는 가장 높은 자리에 서희나 강감찬 같은 문신이 올랐단다. 자연히 무신은 낮은 자리밖에 얻을 수 없었어.

문신의 콧대가 나날이 높아지자, 낮은 자리에 있는 문신이 더 높

은 자리의 무신을 업신여기는 일도 생겨났어. 무신의 재산을 가로채는 문신도 생겼지.

마침내 무신들의 화가 폭발했어. 무신들은 힘을 합쳐 문신들을 몰아내고 왕을 거제도로 보내 버린 뒤, 왕의 동생을 새 왕으로 삼았어. 무신들은 곧 자기들끼리 권력 다툼을 벌였고, 마침내 최씨 집안이 권력을 차지하게 되었어. 최씨 집안은 60여 년 동안이나 나라를 손에 쥐고 흔들었단다. 최씨 집안의 권력이 얼마나 강했던지, 왕을 자기들 마음대로 갈아 치울 수 있을 정도였어.

그 사이 중국에서는 몽골이 힘을 키워 점차 중앙아시아로 뻗어 나가기 시작했단다.

강화도로 도읍을 옮기고

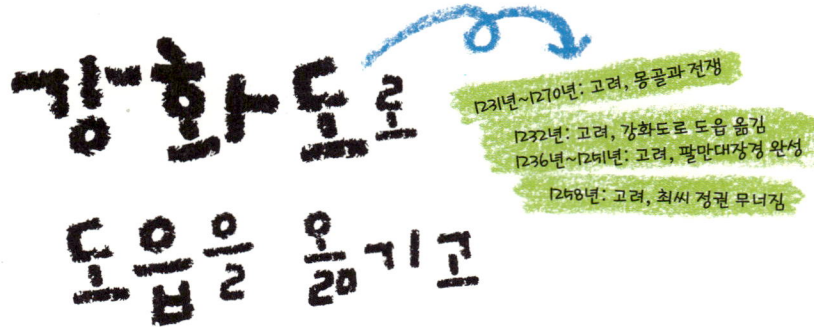

1231년~1270년: 고려, 몽골과 전쟁
1232년: 고려, 강화도로 도읍 옮김
1236년~1251년: 고려, 팔만대장경 완성
1258년: 고려, 최씨 정권 무너짐

최씨 집안이 정권을 잡고 있을 때의 일이야. 힘을 키운 몽골이 고려를 삼키려고 쳐들어왔어. 최씨 집안은 왕과 신하들을 데리고 강화도로 도읍을 옮겼어. 한반도 땅에서 몽골 군과의 전쟁이 계속되는 동안, 최씨 집안은 강화도에 몸을 숨기고 있었지.

그러는 동안 부처의 도움을 받아 몽골을 물리치기 위해 여러 사람들이 힘을 모아 팔만대장경을 만들었어. 15년 동안 8만 개가 넘는 경판에 불경을 새겨 넣었어.

몽골과의 전쟁은 40여 년 동안이나 계속되었어. 몽골 군은 수많은 사람들을 죽이고 고을을 모두 불태웠어. 하지만 고려 백성들은 굴하지 않고 몽골과 맞서 싸웠단다.

최씨 집안이 무너지고 고려가 몽골에 항복하면서 전쟁은 끝났어. 고려 왕실은 도읍을 다시 개경으로 옮겼어. 무신들의 시대는 끝나고, 대신 몽골의 간섭이 시작되었지.

중국 대륙을 통일하고 동아시아의 강자가 된 몽골은 원나라를 세웠어.

원나라의 지배에서 벗어난 공민왕

1351년: 고려, 공민왕 즉위
1368년~1369년: 고려, 원나라에게서 북쪽의 영토를 되찾음

원나라는 고려의 일이라면 뭐든지 간섭했어. 고려의 왕은 태자 때에 원나라에 가서 살다가, 고려로 돌아온 뒤에는 반드시 원나라 공주와 결혼해야만 했어. 이처럼 원나라는 고려에 마음대로 간섭했어.

원나라의 지배에서 벗어나고 싶었던 고려의 공민왕은 원나라가

공민왕과 노국공주의 사랑이야기

공민왕릉 북한 개성시 개풍군 해선리에 부인인 노국 공주의 능과 나란히 놓여 있어요.

점점 약해지고 흔들리자 때를 놓치지 않고 개혁 정치를 펼쳤어. 원나라가 지배하던 북쪽의 땅을 되찾고, 원나라에서 온 제도와 풍속을 없앴어. 그리고 똑똑한 사람들을 새로 관리로 뽑았어. 공민왕의 노력 덕에 고려는 원나라의 간섭에서 벗어날 수 있었지.

그 사이 중국 대륙은 또다시 변화를 맞았어. 원나라는 갈수록 작아졌고, 명나라가 새롭게 일어섰단다.

고려에서도 여러 가지 변화가 생겼어. 원나라와 친하던 사람들은 힘을 잃었고, 공민왕이 뽑은 똑똑한 사람들은 크게 성장했지. 이들은 새로 생긴 명나라와 친해지려고 했단다.

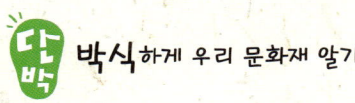 박식하게 우리 문화재 알기

고려의 자랑, 청자와 팔만대장경

고려를 빛낸 고려청자

"세상에 흉내 낼 수 없는 것이 열 가지 있는데, 그 가운데 하나가 고려의 비색이라네."

이런 말이 있을 만큼 고려청자의 맑고 투명한 비색은 유명해요. 비색은 고려청자의 신비한 푸른색을 말하지요.

고려의 시인 이규보는 고려청자의 아름다움을 시로 남기기도 했어요.

"수정처럼 영롱하고, 동 그릇처럼 단단하니, 이제 알겠네, 하늘의 조화를 빌려 술잔을 만들었구나."

상감청자

고려청자는 본래 삼국 시대 때부터 만들어졌는데, 가을 하늘처럼 맑은 비색을 띤 청자를 만들게 된 것은 고려 시대인 12세기 전반 무렵이에요. 이때에는 아무 무늬도 넣지 않고 순수한 비색을 살린 순청자를 많이 만들었어요.

12세기 후반에는 도자기에 무늬를 새긴 다음, 흰색과 붉은색 흙을 무늬에 밀어 넣어 만드는 청자 상감기법이 최초로 발명되었어요.

가마에 넣어 굽고, 유약을 바르고, 다시 굽는 과정을 거치면 흰색과 붉은색의 흙이 더더욱 아름답게 바뀌었지요. 흰색은 더욱 희어지고, 붉은색은 까맣게 변했답니다. 흰색과 검은색 무늬가 푸른 도자기에 어우러진 상감청자는 보는 사람들의 감탄을 불러일으켰어요.

한마음으로 만든 팔만대장경

몽골이 쳐들어오자 최씨 집안은 왕과 신하들을 이끌고 강화도로 옮겨 갔어요. 강화도에 숨어서 몽고군이 물러나기를 기다린 거예요. 그러는 동안 나라를 위해 팔만대장경을 만들기로 했어요.
"몽골의 침입을 불교의 힘으로 막아 냅시다!"
수많은 사람들이 간절한 마음을 모아 나무로 경판을 만들고 글자를 깎았어요. 불교의 가르침을 적은 불경은 곧 부처님의 말씀과 같다는 마음으로 한 글자씩 새길 때마다 세 번씩 절을 했지요.
장장 15년에 걸쳐 완성된 팔만대장경은 오늘날 세계 최고의 목판 대장경이자 최고의 가치를 지닌 문화유산으로 널리 이름을 떨치고 있어요. 팔만대장경은 유네스코에서 지정한 세계 기록 유산이기도 해요.

팔만대장경

연표 읽기

1388년: 고려의 이성계, 위화도 회군

1392년: 조선의 이성계, 이씨 왕조를 세움
1394년: 조선, 도읍을 한양으로 옮김

1400년: 태종, 왕위에 오름

1413년: 태종, 호패 제도 시행하고 전국을 팔도로 나눔
1418년: 태종, 세종에게 왕위를 물려줌

1419년 세종, 일본 쓰시마 섬 정벌
1432년: 세종, 4군 6진 설치

1420년: 세종, 집현전 확대

1443년: 세종, 훈민정음 창제
1446년: 세종, 훈민정음 반포

1455년: 세조, 왕위에 올라
《경국대전》 편찬 시작

4장 단숨에, 박식하게
조선 전기에서 중기

조선은 일본을 맞아 임진왜란을 겪었어요.
그 뒤에는 후금이 쳐들어와 병자호란을 겪었지요.
일본과 후금(청)의 침략은 조선에 큰 고통을 주었어요.

1627년: 후금, 조선에 쳐들어옴
1636년~1637년: 청, 조선에 쳐들어옴(병자호란)

1592년~1598년: 일본, 조선에 쳐들어옴(임진왜란)

조선을 세운 이씨 임금님

1388년: 고려의 이성계, 위화도 회군
1392년: 조선의 이성계, 이씨 왕조를 세움
1394년: 조선, 도읍을 한양으로 옮김

'고려의 운명은 이미 기울었어. 새 나라를 세워야 해.'

고려의 장수였던 이성계는 이렇게 생각했어. 이성계는 새 나라를 세우기 위한 준비를 하나씩 해 나갔단다.

그러던 어느 날, 이성계에게 명령이 떨어졌어.

"장군 이성계는 병사들을 데리고 가서 요동 땅을 정벌하라."

태조 이성계

이성계는 명령에 따라 군대를 이끌고 압록강까지 왔어. 하지만 압록강을 건너 요동 땅으로 가는 대신, 위화도에서 군대를 되돌려 버렸단다. 이것을 '위화도 회군'이라고 해.

이성계는 돌아와서 반대파를 물리치고 새 나라를 일으켰어.

"새 나라의 이름은 고조선을 잇는다는 뜻으로 '조선'이라고 하겠다."

태조 이성계는 도읍을 한양으로 옮겼어. 드디어 새로운 이씨 왕조의 역사가 시작된 거야!

유교 정치를 한 조선

월봉 서원 조선 전기의 학자인 기대승을 기리는 서원이에요. 서원은 조선 시대의 선비들이 모여서 학문을 논하던 곳이에요.

"부모님께 효도해야 해."
"왕은 부모님과 같아. 부모님에게 효도하듯 왕에게 충성해야 해."

유교에서는 효도의 '효'와 충성의 '충'을 강조해. 그래서 조선 왕조는 불교를 억누르고 유교를 적극적으로 받아들였어. 유교의 정신에 따라 나라를 다스리고 백성을 가르치려고 했지.

관리가 되고 싶은 사람은 유교의 가르침이 적힌 경전을 열심히 공부해야 했어. 나라에서는 백성들이 유교의 가르침에 따라 살도록 '삼강 오륜'을 널리 퍼뜨렸어.

친구 사이에는 믿음이 있어야 한다.

부자유친

어버이와 자식 사이에는 친함이 있어야 한다.

군신유의

임금과 신하 사이에는 의로움이 있어야 한다.

'삼강'은 임금과 신하, 어버이와 자식, 남편과 아내 사이에 마땅히 지켜야 할 도리를 뜻해. '오륜'은 유교의 다섯 가지 윤리야. 부자유친, 군신유의, 부부유별, 장유유서, 붕우유신이 바로 그것이란다.

부부유별

부부 사이에는 구별이 있어야 한다.

장유유서

어른과 아이 사이에는 차례와 질서가 있어야 한다.

77

나누고 정리한 태종과 발전시킨 세종

1400년: 태종, 왕위에 오름
1413년: 태종, 호패 제도 시행, 전국을 팔도로 나눔
1419년 세종, 일본 쓰시마 섬 정벌
1432년: 세종, 4군 6진 설치

조선의 세 번째 왕은 태종 이방원이야. 태조 이성계의 다섯째 아들이지.

"열여섯 살 이상의 남자들은 신분을 증명하는 패인 '호패'를 가지고 다녀야 한다."

태종은 호패법을 만들었어. 호패는 오늘날의 주민등록증과 같은 역할을 하는 나무로 만든 패야. 이걸 보면 신분이 어떤지, 나이가 몇인지 한눈에 알 수 있었어.

내가 호패법을 만들고 전국을 8도로 나누었지.

태종

16살 이상의 남자들은 항상 호패를 가지고 다녀야 해요.

호패에는 나이와 신분이 나타나 있어요.

전국을 팔도로 나눈 사람도 태종이야. 팔도 체제는 조선 왕조 5백여 년 내내 계속 이어져 왔어.

태종은 땅을 넓히는 데에도 힘썼어.

"압록강 이남 지역의 땅에 백성들을 옮겨 가게 해서 그 지역을 개발하라!"

'땅 넓히기'는 네 번째 왕인 세종에게 이어졌어. 세종은 북쪽으로 두만강과 압록강 유역까지 땅을 넓히고 4군과 6진을 설치했어. 남쪽으로는 일본 해적인 왜구가 우리 백성을 괴롭히자, 왜구들이 살고 있던 쓰시마 섬으로 쳐들어가 혼내 주기도 했어.

누구나 글을 쓸 수 있다면

1420년: 세종, 집현전 확대
1443년: 세종, 훈민정음 창제
1446년: 세종, 훈민정음 반포

세종은 조선의 과학과 예술을 꽃피우고 우리글, 우리 과학, 우리 악기, 우리 음악 등 '우리 것'을 발전시켰어. 우리만의 문화를 발전시키기 위해 노력했지.

"중국 문자인 한자는 배우기 어려워요. 게다가 우리말을 한자로 표현하는 건 무척 불편한 일입니다. 백성들이 쉽게 배우고 쓸 수 있는 우리글을 만듭시다!"

《월인석보》 우리나라 최초로 불교 서적을 한글로 번역한 책이에요.

백성들을 위해 훈민정음을 만들었단다.

훈민정음은 유네스코 세계 기록 문화유산으로 지정되었어요.

세종은 집현전 학자들과 함께 우리글을 연구했고, 마침내 '훈민정음'을 만들어 냈어.

"이렇게 쉽게 글을 배울 수 있다니!"

"편지를 쓸 수 있어서 정말 좋아요."

"그냥 소리 나는 대로 적으면 되니 참 편리해요."

훈민정음은 쉽고 편해서 평민들과 여자들에게 인기가 많았단다.

자세한 법을 담은 《경국대전》

1455년: 세조, 왕위에 올라 《경국대전》 편찬 시작

네 번째 왕인 세종이 죽고 5년이 흘렀어. 그동안 왕이 두 번 바뀌었고, 세조가 일곱 번째로 조선의 왕이 되었어.

세조는 백성들이 지켜야 하는 법을 기록한 《경국대전》이라는 법전을 만들었지.

"나라를 잘 다스리기 위해서는 중국의 법을 가져다 쓸 게 아니라 우리에게 맞는 법을 만들어야 하오."

결혼

《경국대전》은 유학의 가르침을 담은 법전인데 이 안에는 정치와 경제, 사회, 문화의 기본 규범이 모두 담겨 있었어.

"자식에게 재산이 있으면 부모가 진 빚을 자식이 갚아야 한다."

"땅, 집, 노비를 사고팔 경우 100일 이내에 관청에 보고해야 한다."

"아내가 죽은 뒤 3년이 지나야 새로 장가를 들 수 있다."

《경국대전》에는 이처럼 재산 상속, 토지나 집의 매매, 결혼 등에 대한 법이 기록되어 있었어.

조선을 차지하려는 일본의 욕심

1592년~1598년 : 일본, 조선에 쳐들어옴(임진왜란)

조선이 세워진 지 2백여 년이 흘렀어. 그 사이 일본은 통일을 이루고 밖으로 눈을 돌렸어. 그러고는 조선에 편지를 보냈어.

"명나라에 쳐들어가려고 하니 조선은 길을 열어라!"

그 뒤 조총을 앞세운 일본이 물밀 듯이 밀려왔어. '임진왜란'이 벌어진 거야. 우리 군대는 제대로 전쟁도 하지 못하고 계속 졌단다. 일본은 한양을 거쳐 평양까지 올라왔고, 피난길에 오른 선조는 명나라에 군대를 요청했어.

쭉쭉 잘나가던 일본은 바다에서 이순신 장군에게 덜미를 잡혔

저 괴물 같은 배 좀 봐!

어. 거북선을 앞세운 이순신 장군 앞에서 일본 군은 지고, 지고, 또 졌어.

우리 군의 승리에 백성들은 힘을 얻었어. 곽재우 의병장은 의병들을 이끌고 일본과 싸웠어. 이 밖에도 수많은 의병들이 전국에서 일어났기 때문에 일본은 7년 만에 한반도에서 물러날 수밖에 없었단다.

이순신 장군

바다에서는 이순신 장군이 왜군을 물리치고, 땅에서는 의병들이 왜군을 물리쳤어요.

청나라를 섬기는 건 정말 싫어!

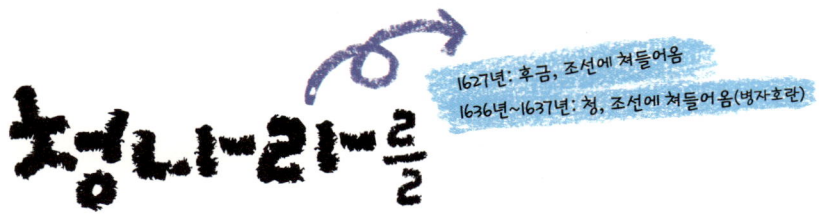
1627년: 후금, 조선에 쳐들어옴
1636년~1637년: 청, 조선에 쳐들어옴(병자호란)

　임진왜란이 끝난 뒤에 일어난 일이야. 조선에서 오랑캐 야만인으로 업신여기던 여진족이 만주에서 후금을 세웠어. 후금은 명나라와 사이가 나빴는데, 조선은 명나라는 존경하면서 후금은 깔보았지. 화가 난 후금은 조선에 쳐들어왔다가 조선과 형제가 되기로 약속하고 되돌아갔어.

　그러나 조선은 여전히 후금을 깔보며 명나라와 친하게 지냈어. 후금은 나라 이름을 청나라로 바꾸고 다시 공격해 왔어. 이 전쟁이 '병자호란'이야. 청나라는 6일 만에 한성까지 밀고 들어왔어. 약할 대로 약해져 있던 조선의 군대는 물밀 듯 밀려 들어오는 청나라 군대를 막지 못했어. 인조는 남한산성으로 피해서 힘들게 버텼단다. 하지만 오래 버티지 못하고 청나라에게 항복했어.

　"조선은 이제부터 청을 섬기는 신하가 되어라!"

　청나라는 조선의 왕자들과 대신의 딸들, 청나라를 깔보던 신하들을 자기네 나라로 끌고 갔단다.

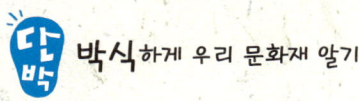 박식하게 우리 문화재 알기

세종 대왕 시대의 과학 발명품

세종 대왕이 다스렸던 시대는 발명의 시대, 과학의 시대였어요. 총명하고 인재를 잘 쓸 줄 알았던 세종 대왕, 조선의 뛰어난 인재들이 모인 집현전의 학자들, 천재 과학자 장영실 등이 힘을 합쳐 수많은 업적을 이루었답니다. 이 시대에 만들어진 과학 발명품을 함께 살펴볼까요?

비의 양을 재는 최초의 기구, 측우기

측우기

조선은 농사를 주로 짓는 나라였어요. 그래서 농사를 잘 짓기 위해서는 비가 얼마나 내리는지 알아야 했지요.
'어느 지역에서 비가 매달 얼마나 내리는지 알면 가뭄에 미리 대비할 수 있을 텐데.'
이런 생각은 세계 최초로 비를 재는 기구인 '측우기'를 만들어 냈어요.

해시계인 앙부일구

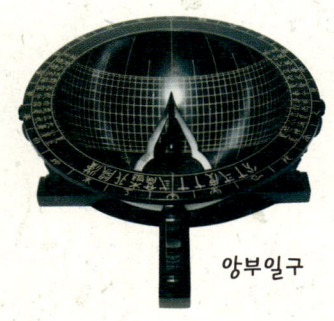
앙부일구

이 해시계는 시계판이 가마솥같이 오목하게 생겼는데, '솥이 하늘을 우러르고 있다'라고 해서 앙부일구라는 이름이 붙었어요. 앙부일구는 시간뿐 아니라 24절기까지 알 수 있는 신기한 발명품이었어요.

또한 쥐, 소, 호랑이, 토끼, 용, 뱀, 말, 양, 원숭이, 닭, 개, 돼지 그림으로 시간을 나타내어 글을 모르는 백성들도 시간을 알 수 있게 했어요. 앙부일구는 종로와 종묘 앞에 설치된 최초의 공동 시계이기도 해요.

자동 물시계인 자격루

물시계는 물이 많아지는 양이나 줄어드는 양으로 시간을 재는 장치로 삼국 시대부터 쓰였어요. 그렇지만 정해진 시간에 자동으로 종과 징, 북이 울리도록 설계된 자동 물시계는 조선 시대에 장영실이 처음으로 만들었지요. 지금은 자동으로 움직이게 하는 정교한 장치는 사라진 채 물통 부분만 남아 있답니다.

자격루

해와 별의 위치를 측정하는 혼천의

혼천의

혼천의는 해와 달, 별이 지나는 길과 위치를 측정하는 데 쓰였던 기구예요. 중국이 우리나라보다 먼저 만들어 쓰기는 했지만, 중국의 기구들은 측정할 때마다 일일이 손으로 움직여야 했어요. 그러나 우리나라에서 만든 혼천의는 보다 정밀하게 만들었기 때문에 손으로 조절하거나 작동하지 않아도 측정할 수 있었어요.

연표 읽기

1677년: 숙종, 공명첩 발행

1678년: 숙종, 상평통보 제작

1674년~1720년: 숙종, 치열한 붕당의 대립으로 고민
1720년~1724년: 경종, 붕당 대립의 절정을 맞음
1724년~1776년: 영조, 탕평 정책으로 붕당의 대립을 줄임

1776년: 정조 즉위
1794년~1796년: 정조, 수원 화성을 쌓는 데 정약용이 만든 거중기 이용

1784년: 이승훈, 청나라로 가서 처음으로 천주교 세례를 받고 돌아옴

1800년: 순조 즉위
1801년: 천주교를 믿거나 공부한 사람들 죽음(신유박해), 정약용 유배됨

1863년: 고종 즉위, 흥선 대원군이 대신 다스림
1866년: 제너럴 셔먼 호 사건
1866년: 프랑스 함대, 강화도 침입(병인양요)
1871년: 미국, 제너럴 셔먼 호 사건을 빌미로 침략(신미양요)

1860년: 최제우, 동학 창시
1863년: 최시형, 동학의 2대 교주가 됨
1864년: 최제우, 사형됨

5장 단숨에, 박식하게 조선 후기

조선에 서양의 문물과 서양 사람들이 들어오기 시작했어요.
조선은 개화기를 맞아 여러 가지 개혁을 펼치려 했어요.

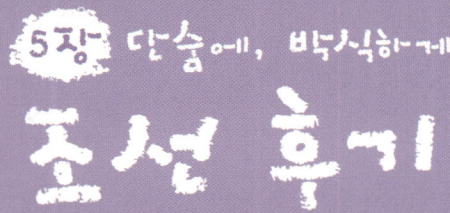

1882년: 미국과 조미 수호 통상 조약 체결
1882년: 영국·독일과 통상 조약 체결
1884년: 기독교 들어옴
1884년: 러시아·이탈리아와 통상 조약 체결
1886년: 프랑스와 통상 조약 체결

1881년: 신식 군대인 별기군 만듦
1882년: 임오군란
1884년: 갑신정변

1894년: 동학 농민 운동 1차 기병 및 자진 해산

1875년: 운요 호 사건
1873년: 고종 친정 선언, 흥선 대원군 물러남
1876년: 일본과 강화도 조약 맺음

1894년~1896년: 갑오개혁

1894년: 청일 전쟁
1894년: 동학 농민 운동 2차 기병 및 실패

1896년: <독립신문> 만듦, 독립문 세움
1897년: 고종, 경복궁으로 돌아옴
1897년: 고종, 나라 이름을 대한 제국으로 바꾸고 황제로 즉위

달라진 농사법, 늘어나는 수확

조선은 농업이 주가 되는 나라였어. 서민들은 거의 다 농사를 짓고 사는 농민이었지. 그런데 임진왜란과 병자호란이라는 큰 전쟁을 겪고 나니 농사를 지어야 할 땅이 엉망이 되고 말았어.

나라에서는 농업을 살리기 위해 농사지을 땅을 늘리고 물을 대는 저수지도 만들었어. 농민들도 가만히 있지 않았어. 새로운 농사법을 써서 농사를 지어 보았단다.

직파법 (조선 중기)

논에 직접 볍씨를 뿌리는 '직파법'으로 농사를 지어서 수확량이 적었어요.

벼
채소

맛있는 채소로 잘 커라~

잘 안 자랐네.

씨앗을 평평한 밭에 뿌려 채소를 길러서 수확량이 적었어요.

"모내기법 알아? 모(어린 벼)를 따로 길러서 논에 옮겨 심는 농사법 말이야. 논에 직접 볍씨를 뿌려 키우는 것보다 훨씬 편해."

"모판에서 모를 키우는 동안 논에 다른 잡곡을 키울 수도 있어."

농민들 사이에는 모내기법이 널리 알려졌어. 골뿌림법도 알려졌단다.

"골뿌림법으로 씨앗을 뿌리면 씨앗이 바람을 덜 받아 추위에 잘 견딜 수 있어."

"그뿐인가? 흙 속에서 물을 얻기 쉬워서 가뭄도 잘 견딘다고."

새로운 농사법 덕분에 농민들은 전보다 더 많은 곡식을 얻을 수 있게 되었어.

밭두둑을 만들어 고랑에 씨를 뿌리는 '골뿌림법'으로 채소를 길러서 수확량이 많아졌어요.

시장에 나타난 짤랑짤랑 엽전

1678년: 숙종, 상평통보 제작

조선 후기에는 상업과 수공업이 발달했어. 상인들은 수공업자들이 만든 물건을 사다가 팔았어. 청나라, 일본과 무역도 했어. 전국에 많은 시장이 서게 되자, 숙종 때에 나라에서는 엽전인 '상평통보'를 만들어 널리 쓰도록 했어.

▲ 상평통보

상평통보는 원래 병자호란 직전, 인조 때에 만들어진 엽전이야. 그런데 그때에는 엽전을 쓰는 사람이 별로 없어서 사용하지 않게 되었어. 그러다가 숙종 때에 상업이 발달하면서 다시 만들어 쓰기 시작했어.

"물건과 물건을 맞바꾸는 대신 엽전으로 물건을 살 수 있으니 편리하군."

"무겁게 물건을 들고 다니지 않아도 되니까 좋아."

사람들은 상평통보의 편리함을 알게 된 다음부터 물건 대신 엽전을 짤랑짤랑 들고 다니기 시작했어. 조선에 금속 화폐가 널리 퍼지게 된 거야.

조선 중기까지는 물건을 사고팔 때 물물교환을 주로 했어요.

조선 후기부터는 물건을 사고팔 때 엽전을 주로 사용했어요.

똑똑한 서민 말뚝이 등장이오!

1677년: 숙종, 공명첩 발행

장사나 상업 활동 등으로 돈을 번 서민들은 판소리, 탈춤, 민화 등 문화와 예술을 만들어 즐기게 되었어. 서민 문화 가운데에는 양반을 웃음거리나 조롱거리로 삼는 것도 있었어.

봉산 탈춤에서 말뚝이가 하는 말을 들어 보렴.

"양반 나오신다. 개잘량 '양' 자에 개다리 소반 '반' 자를 쓰는 '양반'이 나오신다!"

똑똑하고 야무진 서민 말뚝이가 멍청한 양반을 놀리는 내용이란다. 조선 후기로 접어들면서 양반은 옛날처럼 존경받지 못하게 되었어. 가난한 양반은 돈 많은 서민보다 못살았고, 서민도 돈만 있다면 떵떵거리며 살 수 있게 되었지.

개잘량(개 가죽) '양' 자에 개다리 소반(개의 뒷다리처럼 다리가 휜 상) '반' 자를 쓰는 '양반' 나오신다!

숙종 때에는 나라에서 돈을 내고 벼슬을 살 수 있도록 한 '공명첩'을 많이 만들어 팔았어. 공명첩은 진짜 벼슬이 아니라 이름뿐인 벼슬을 주는 임명장이야. 이게 있으면 양반 행세를 할 수 있었어. 돈만 있으면 양반이 될 수 있게 되니, 신분 제도는 더욱더 흔들리고 양반의 권위는 땅에 떨어졌어.

내가 옳다! 내가 맞다! 싸우는 양반들

1674년~1720년: 숙종, 치열한 붕당의 대립으로 고민
1720년~1724년: 경종, 붕당 대립의 절정을 맞음
1724년~1776년: 영조, 탕평 정책으로 붕당의 대립을 줄임

돈만 많고 뼈대 없는 양반들이 생겨날 때, 뼈대 있는 양반들은 뭘 하고 있었을까?

뼈대 있는 양반들은 서로 무리지어 당을 만들고 똘똘 뭉쳤어. 그리고 서로 자기네 말이 맞다며 큰소리를 내느라고 바빴어.

"내가 옳다!" 하던 남인들 대신에 "내가 맞다!" 하던 서인들이 관리가 되면 남인들을 몰아냈어. 쫓겨난 남인들은 더러는 죽고, 더러는 고향으로 내려갔지. 조정은 서인들로 채워졌어.

반대의 일도 벌어졌어. 남인이 관리가 되면, 이번에는 남인들이 서인들을 관리 자리에서 몰아내고 그 자리에 앉았지.

이런 일이 여러 차례 되풀이되면서 양반들은 더더욱 자기 당끼리 뭉쳤어. 이 때문에 똑똑하고 능력 있는 양반들이 벼슬자리에 오르지 못하고 고향에서 지내는 일도 많아졌단다.

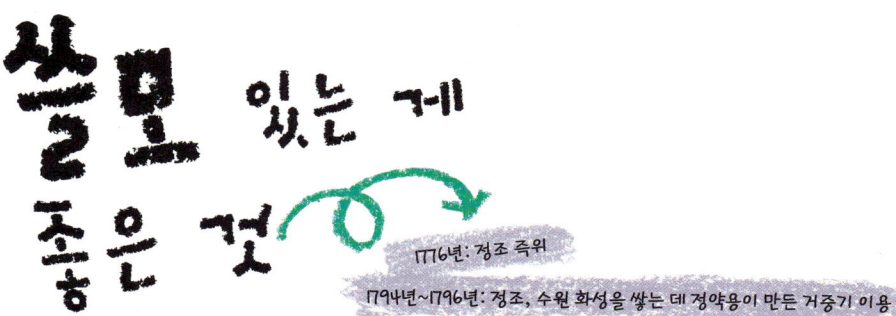

1776년: 정조 즉위

1794년~1796년: 정조, 수원 화성을 쌓는 데 정약용이 만든 거중기 이용

서인과 남인이 당을 갈라 싸우는 통에 많은 훌륭한 학자들이 벼슬길에 오르지 못하고 고향에서 공부를 하며 지내야 했어. 그러다 보니 백성들의 생활을 가까이에서 볼 수 있었지. 부자인 백성도 간혹 있었지만, 가난해서 배곯는 백성들이 훨씬 많았어. 학자들은 백성들을 위해 쓸모 있고 실용적인 학문을 연구하기 시작했어.

"지금은 백성들의 생활에 실제로 도움을 주는 실용적인 학문, 즉 실학이 필요한 때요."

"서양의 새롭고 앞선 문물을 보니 배울 것이 참 많습니다. 실학을 이용해 나라를 강하게 만들고, 백성들이 더 잘살 수 있게 해야 합니다."

　실학자 정약용은 수원 화성을 지을 때 무거운 돌을 쉽게 옮길 수 있도록 거중기를 만들었어. 과학 기술을 이용해 백성들이 편리하게 일을 할 수 있도록 한 거야.

　이처럼 실학자들은 세상을 바꾸려고 했어. 사회를 개혁해서 살기 좋은 세상을 만들려고 했지. 하지만 정치적으로 힘이 없었기 때문에 뜻을 이루기 어려웠단다.

천주교를 믿으면 안 된다고?

1784년: 이승훈, 청나라로 가서 처음으로 천주교 세례를 받고 돌아옴
1800년: 순조 즉위
1801년: 천주교를 믿거나 공부한 사람들 죽음(신유박해), 정약용 유배됨

실학자들에게는 세상을 바꾸고 싶다는 바람이 있었어.

실학자들은 청나라에서 서양의 학문을 들여와 공부했는데, 그 가운데에는 서양의 종교인 천주교도 있었어. 학자들은 처음에는 천주교를 학문으로 공부해서 '서학'이라고 불렀지만, 점점 종교로 받아들이게 되었어. 천주교는 실학자들이 바라던 새로운 세상과 통했거든. 모두가 평등한 세상, 양반과 상민이 평등한 세상과 말이야.

처음에는 양반 실학자들이 주로 믿다가 점점 많은 사람들에게 퍼져 나갔어. 농민들과 부녀자들도 믿게 되었지.

그러자 나라에서는 천주교를 믿는 것을 법으로 금지했어.

"천주교를 믿는 것을 금지한다!"

그리고 천주교를 믿는 사람들을 처형하거나 먼 시골 등으로 보내서 가두었어. 실학자 정약용도 이때 외딴 곳으로 보내졌단다.

김대건 신부의 동상 우리나라 최초의 천주교 신부이자 순교한 김대건 신부의 동상이에요.

사람이 곧 하늘인 동학

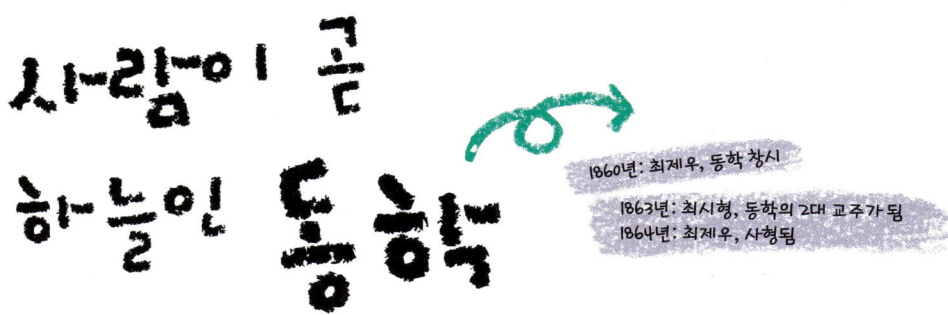

1860년: 최제우, 동학 창시
1863년: 최시형, 동학의 2대 교주가 됨
1864년: 최제우, 사형됨

서학이 퍼진 뒤 곧이어 '동학'이 생겼어. 동학은 '사람이 곧 하늘'이라는 '인내천' 사상을 기본으로 삼는 종교였어.

동학을 처음 만든 최제우는 이렇게 말했어.

최제우

"서학은 하늘의 뜻을 받은 것이지만 서양에서 온 것입니다. 우리는 우리 고유의 동학을 믿어야 합니다."

동학은 농민들에게 널리 퍼졌어. 동학을 믿는 양반도 생겨났어.

"사람이 곧 하늘입니다. 사람마다 마음속에 한울님(하느님)이 있습니다. 그러므로 우리는 평등합니다."

동학을 믿는 양반과 농민은 평등하게 서로 높임말을 쓰고 인사를 나누었어.

"지금의 세상은 운이 다했습니다. 우리가 바라는 새로운 세상이 올 것입니다."

동학을 믿는 사람들은 새로운 세상이 올 거라는 희망을 가졌어.

동학은 백성들의 삶 속으로 깊숙이 파고들었단다. 그렇지만 새로 생긴 종교인 동학은 조선 조정의 탄압을 받았어. 동학을 세운 최제우는 잡혀서 사형을 당하고 말았지.

나라의 문을 굳게 닫은 흥선 대원군

1863년: 고종 즉위, 흥선 대원군이 대신 다스림
1866년: 제너럴 셔먼 호 사건 일어남
1866년: 프랑스 함대의 강화도 침입(병인양요)
1871년: 미국, 제너럴 셔먼 호 사건을 빌미로 침략(신미양요)

이즈음, 동아시아는 큰 변화를 맞고 있었어. 유럽의 여러 나라와 미국 등이 배를 타고 식민지를 만들기 위해 동아시아로 찾아왔어. 맨 처음 중국이 무너졌고, 다음으로 일본이 문을 열었어. 이제 조선만 남았지.

그때, 고종이 왕위에 올랐어. 고종은 나이가 열두 살 밖에 안 되었기 때문에 고종의 아버지인 흥선 대원군이 대신 나라를 다스리게 되었어. 흥선 대원군은 여러 가지 개혁 정책을 펼쳤어. 좋은 인재를 고루 뽑아 썼고, 지방의 서원을 마흔일곱 개만 남기고 정리했어. 의복을 단순하게 정리하고, 상민뿐 아니라 양반도 세금을 내도록 했단다.

흥선 대원군

"서양 문물을 받아들이는 것은 나라의 힘이 강해진 다음에 해도 늦지 않다." 흥선 대원군은 나라의 문을 닫아걸었어. 그러자 이에 불만을 품은 서양의 배가 두 차례 강화도를 침략해 왔어. 바로 '병인양요'와 '신미양요'야. 하지만 우리 군대는 두 차례 모두 서양의 배를 물리쳤단다.

일본에 항구를 열어 준 '강화도 조약'

1875년: 운요 호 사건
1873년: 고종 친정 선언, 흥선 대원군 물러남
1876년: 일본과 강화도 조약 맺음

병인양요와 신미양요를 겪고 난 뒤의 일이야. 이번에는 일본의 군함 운요 호가 강화도 앞까지 왔어. 우리 군대가 수상한 배를 보고 대포를 쏘자, 일본 군도 총을 쏘며 상륙해 우리 관청을 불태웠어. 그러고는 우리 정부에 큰소리를 쳤어.

"너희가 잘 알아보지도 않고 우리에게 먼저 대포를 쐈다. 너희 잘못을 어떻게 책임질 거냐?"

양쪽 나라의 대표들은 강화도에서 만나 이야기를 나누기로 했

108

어. 이곳에서 조선은 일본과 불평등한 조약인 '강화도 조약'을 맺어야 했어. 강화도 조약은 일본에게 유리하게 여러 가지 내용을 정한 약속이야.

강화도 조약에 따라 조선은 무역을 할 수 있도록 일본에 항구를 활짝 열었어. 그러나 이 조약은 일본은 돈을 벌고 우리는 손해를 보게 만들어진 것이어서 조선에 무척 불리했어.

강화도 조약 이후, 조선에서도 서양 문물을 받아들여 나라를 발전시키자는 생각이 강해졌어. 고종의 부인인 명성 황후가 그런 생각을 가지고 개화 정책을 펼치게 되었지.

조선을 간섭하는 일본과 중국

1881년: 신식 군대인 별기군 만듦
1882년: 임오군란
1884년: 갑신정변

"우리나라가 발전하려면 서구의 문물을 보고 배워야 합니다."

강화도 조약 이후, 조선은 일본과 친하게 지내며 앞선 문물을 받아들이려고 노력했어. 일본과 청나라에 젊은이들을 보내고 신식 군대도 만들었어. 그러면서 구식 군인들한테는 월급도 제대로 주지 않았어. 화가 난 구식 군인들은 난을 일으켰어.

"신식 군대만 군대냐? 구식 군인에게도 월급을 달라!"

이게 바로 '임오군란'이란다. 그 뒤 청나라는 임오군란을 정리해 준다며 조선에 군대를 보냈어. 그리고 도와줬으니 감사하라며 생색을 냈지.

얼마 뒤 또 다른 일이 터졌어. 김옥균, 서재필, 박영효 등의 개화파 젊은이들이 일본의 도움을 받아 '갑신정변'을 일으킨 거야. 이들은 청나라 편이었던 신하들을 없앤 다음 조선을 개혁하려고 했어. 신분 제도를 없애고, 능력에 따라 관리를 임명하고, 관리의 부정을 막으려고 했단다. 그렇지만 청나라 군대가 끼어들어 개화파를 몰아내는 바람에 3일 만에 실패하고 말았지. 이렇게 일본과 청나라는 번갈아 가며 조선을 간섭했어.

조선에 자리 잡은 기독교

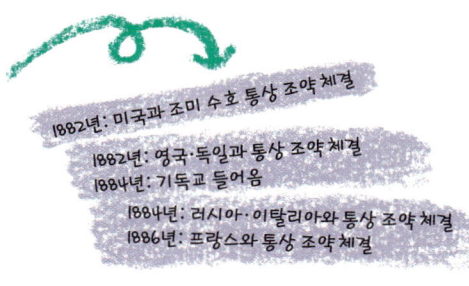

1882년: 미국과 조미 수호 통상 조약 체결
1882년: 영국·독일과 통상 조약 체결
1884년: 기독교 들어옴
1884년: 러시아·이탈리아와 통상 조약 체결
1886년: 프랑스와 통상 조약 체결

갑신정변을 일으킨 개화파는 청나라 편이었던 신하들을 없애 버렸어. 이때 명성 황후의 조카인 민영익도 부상을 당했지.

큰 상처를 입은 민영익을 구한 사람은 기독교를 알리러 온 미국의 의사이자 선교사인 알렌이었어.

"치료해 주어서 고맙소."

나라에서는 민영익을 구한 알렌에게 호감을 가졌어. 그 덕에 기독교는 어려움 없이 조선에 들어올 수 있었지.

한편, 이 즈음 조선은 미국, 영국, 독일, 러시아, 이탈리아 등 여러 나라와 조약을 맺고 무역을 하게 되었어. 그러나 조선이 손해를 볼 수밖에 없도록 정해진 불공정한 무역이었지. 식민지를 만들고, 침략하고, 빼앗는 것에 익숙한 서구 여러 나라들이 뱃속 시커먼 늑대라면, 동아시아 한반도에서만 5백여 년 동안 살아 온 조선은 순진한 양과 다를 바 없었어.

민영익 고종 때의 문신으로 개화파를 탄압했어요.

나라를 걱정한 동학 농민들

1894년: 동학 농민 운동 1차 기병 및 자진 해산

나라가 이리저리 휘둘리자 농민들의 생활도 무척 어려워졌어. 동학을 믿는 농민들은 모여서 함께 생각을 나누었어.

"사람은 평등합니다. 양반과 상민을 나누는 신분 제도를 없애야 해요!"

"나쁜 관리들이 백성들에게 세금을 쥐어짜고 있어요. 세금 제도를 고쳐야 해요!"

그러던 어느 날, 전라도 고부의 군수가 횡포를 부리자 참다못한 동학 농민들이 전봉준을 중심으로 똘똘 뭉쳐 들고 일어났어.

"우리 손으로 나라의 정치를 바로잡읍시다."

"못된 관리를 벌주고, 일본 오랑캐를 몰아냅시다!"

농민군은 계속해서 승리를 거두었어. 농민군은 관군을 물리치고 전주까지 올라갔어. 깜짝 놀란 조선 정부는 청나라에 도움을 청했어. 조선을 손아귀에 쥘 궁리를 하던 청나라와 일본의 개입으로 동학 농민 운동은 실패로 끝났지.

동학 농민 운동은 뒤에 항일 의병 투쟁과 3·1운동으로 계승되었단다.

변화의 바람을 일으킨 갑오개혁

1894년~1896년: 갑오개혁

'새로운 사회를 만들어야 해.'

많은 사람들이 이런 바람을 가졌어. 동학 농민 운동을 벌인 농민군도, 갑신정변을 일으킨 개화파 젊은이들도, 서학을 믿은 천주교도들도 벌써 오래전부터 바라고 또 바라 왔지.

조선 정부는 백성들이 바라는 대로 정치를 개혁하기로 마음먹었단다.

하지만 여기에 일본이 끼어들었어. 일본은 경복궁까지 점령하고는 자기네 식으로 조선을 개혁하라고 위협했어. 그 결과 김홍집을

중심으로 한 내각이 만들어지며 '갑오개혁'이 일어났어.

"양반과 상민의 신분 차별을 없앤다."

"청나라에 의지하지 않고 스스로 독립하도록 한다."

"서울과 지방에 학교를 세운다."

갑오개혁으로 조선에는 여러 가지 새로운 변화가 생겼단다.

우리 땅에서 벌어진 청일 전쟁

1894년: 청일 전쟁 벌어짐
1894년: 동학농민운동 2차 기병 및 실패

갑오개혁이 일어난 뒤, 일본 군은 청나라 군과 조선 땅에서 전쟁을 벌였어. 이게 바로 '청일 전쟁'이야. 청나라를 몰아내고 조선을 자기네 마음대로 쥐락펴락하려는 속셈이었지. 청일 전쟁은 일본의 승리로 끝났어.

그러자 동학 농민군은 속이 끓어올랐어.

"우리나라를 일본의 손에서 구합시다!"

농민군은 다시 한 번 뭉쳐서 진격했어. 그러나 조선 정부군과 일본 군이 한데 합쳐 농민군을 공격했어. 농민군은 도저히 이들을 이길 수 없었어. 지도자였던 녹두 장군 전봉준은 잡혀서 처형되고 말았어. 동학 농민 운동은 실패하고 말았단다.

그런데 청나라가 한발 물러서자 이번에는 러시아가 조선을 삼키려고 군침을 흘렸어.

전봉준 동학 농민 운동 지도자인 전봉준이 조선 정부군에 체포되어 끌려가는 모습이에요.

고종 황제의 커다란 슬픔

1895년: 일본, 명성 황후를 죽임(을미사변)
1896년: 고종, 러시아 공사관으로 옮김(아관 파천)

일본이 조선을 삼키려고 하자, 명성 황후는 러시아와 외교에 나섰어. 러시아의 힘을 빌려 일본을 누르려고 한 거야.

그러자 일본은 초조해졌어.

"러시아가 끼어들면 골치 아파집니다."

"러시아와 친해지려는 명성 황후를 없애 버립시다."

일본은 경복궁에 몰래 숨어 들어가 명성 황후를 죽이는 악랄한 짓을 저질렀어. 이것을 '을미사변'이라고 해.

아관 파천 당시 고종의 모습

깜짝 놀란 고종은 틈을 보아 러시아 공사관으로 몸을 피했어. 이것을 '아관 파천'이라고 하지. 러시아 공사관이 고종을 보호하게 되자, 조선에 대한 일본의 힘은 다시 약해졌어. 대신 러시아가 조선의 일에 끼어들게 되었지.

독립문을 세우고, <독립신문>을 내고

1896년: <독립신문> 만듦, 독립문 세움
1897년: 고종, 경복궁으로 돌아옴
1897년: 고종, 나라 이름을 대한 제국으로 바꾸고 황제로 즉위

고종이 러시아 공사관에 머무는 동안, 미국에서 공부하던 서재필이 돌아왔어. 서재필은 사람들을 모았어.

"조선이 다른 나라의 힘에 기대지 않고 스스로 독립할 수 있도록 노력합시다."

서재필은 최초의 한글 신문인 <독립신문>을 만들었어. 많은 사람들이 <독립신문>을 읽고 나랏일에 대해 알게 되었어. <독립신문>은 자주 독립에 대해, 정부와 관리들의 잘못에 대해 널리 알렸어.

이때에 만들어진 독립 협회에서는 기부금을 모아, 청나라 사신을 맞이하기 위해 세운 영은문을 헐고 그 자리에 독립문을 세웠어. 사람들은 독립문을 보며 독립 정신을 키웠단다.

고종은 나라 이름을 '대한 제국'으로 바꾸고, 황제의 자리에 올랐어요.

독립 협회는 고종에게 더 이상 러시아 공사관에 머물지 말고 경복궁으로 돌아갈 것을 부탁했어. 고종은 많은 사람들이 원하자 1년 만에 궁으로 돌아왔어.

고종은 나라의 이름을 대한 제국으로 고치고 황제 자리에 올랐단다. 우리나라가 자주 국가라는 것을 널리 알리기 위해서였어.

독립문은 독립 정신을 상징해요.

독립심이 새록새록!

독립 협회는 '만민 공동회'를 열어 많은 사람들이 모여서 나랏일을 토론할 수 있게 했어요.

많은 사람들이 한글로 된 〈독립신문〉을 읽고 나랏일과 자주 독립에 대해 생각하게 되었어요.

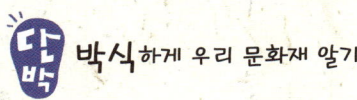 박식하게 우리 문화재 알기

우리의 빛나는 기록 문화재

왕들의 역사를 기록한 《조선왕조실록》

《조선왕조실록》은 조선의 1대 왕인 태조 이성계에서부터 25대 왕인 철종 때까지 25대 472년(1392~1863) 간의 역사를 일어난 순서대로 기록한 책이에요. 모두 합쳐서 1,893권 888책이라는 엄청난 양의 책이랍니다.

《조선왕조실록》

《조선왕조실록》을 쓰는 사관은 왕의 말과 행동뿐 아니라 관리에 대해 기록하고, 다른 여러 가지 사건들도 함께 기록했어요. 그 덕에 조선 시대의 사회, 경제, 문화, 정치, 외교, 풍속, 법률, 미술, 종교 등 다양한 분야에 대한 내용이 기록으로 남았어요. 이렇게 기록해 둔 글을 '사초'라고 하는데, 사초는 왕도 함부로 열어 볼 수 없었답니다. 고칠 수도 없게 되어 있었지요. 실록은 왕이 죽은 다음에 만들었어요.

《조선왕조실록》은 사실을 거짓 없이 기록하도록 엄격하게 만들었기 때문에 역사적으로 그 가치가 무척 크답니다. 우리나라의 자랑스러운 세계 기록 문화유산 가운데 하나이지요.

비서실의 일기 《승정원 일기》

승정원은 왕의 명령을 출납하던 기관으로, 오늘날로 치면 비서실과 같은 역할을 했어요. 승정원에서는 인조 때인 1623년부터 순종 때인 1910년 8월까지, 288년 동안 이곳에서 처리한 여러 가지 사건들, 행정 사무, 의례적 사항 등을 매일매일 기록했어요. 이렇게 모인 책이 《승정원 일기》로 모두 3,243책 39만 3,578장이나 된답니다. 《승정원 일기》는 세계 최대의 역사 기록물이기도 해요.

《승정원 일기》는 당시의 역사를 있는 그대로 기록한 자료예요. 《승정원 일기》를 쓰는 관리를 '주서'라고 했는데, 이들은 왕을 따라다니며 왕과 신하의 대화를 빠짐없이 기록했어요. 이렇듯 생생하게 기록을 남겼기 때문에 《조선왕조실록》을 만들 때 참고 자료로 쓰이기도 했답니다. 《승정원 일기》는 세계 기록 문화 유산으로 지정되어 훌륭한 가치를 인정받고 있어요.

왕의 일기 《일성록》

1760년에 다음 왕이 될 세자였던 정조가 썼던 세자 일기에서 시작된 기록이에요. 정조는 왕이 된 다음에도 일기를 이어 써 나갔는데, 이 일기를 모아 《일성록》을 만들었어요. 《일성록》을 만든 다음에는 이 기록을 하는 관리를 두어 일기 형식의 글을 계속 써 나가게 했답니다. 이 기록은 《조선왕조실록》과 달라서 왕이 쉽게 볼 수 있었어요. 1910년까지 150년에 걸쳐 기록되었지요. 후대의 왕들은 나라의 일을 할 때 이 기록을 보고 많은 도움을 받았다고 해요. 《일성록》은 국보 제153호로, 지금까지 2,329책이 전해져요.

연표 읽기

1905년: 을사조약 체결

1907년: 헤이그 특사 사건
1907년: 고종 퇴위, 순종 즉위

1907년: 국채 보상 운동 시작
1907년: 대한 제국, 군대 해산
1909년: 일본, '남한 대토벌 작전'으로 의병들 진압

1909년: 안중근, 이토 히로부미 죽임
1910년: 국권 피탈

1910년: 대한 제국을 조선으로 바꿈, 조선 총독부에서 식민 통치 시작
1910년~1918년: 토지 조사 사업
1919년: 3·1 운동

1919년: 대한민국 임시 정부 수립
1920년: 봉오동 전투와 청산리 대첩
1927년: 신간회 설립
1932년: 이봉창과 윤봉길 의거

1945년: 8·15 해방
1945년: 모스크바 3상 회의

1946년: 제1차 미·소 공동 위원회
1947년: 제2차 미·소 공동 위원회
1948년: 5·10 총선거 및 대한 민국 정부 수립
1948년: 조선 민주주의 인민 공화국 수립

1950년: 한국 전쟁
1953년: 한국 전쟁

6장 단숨에, 박식하게
나라를 되찾기 위한 노력과 대한민국 수립

일본에 나라를 빼앗긴 뒤 사람들은
나라를 되찾기 위해 독립 투쟁을 벌였어요.
광복의 기쁨도 잠시, 한반도에는 두 나라가 생겨서 오늘까지 이르고 있어요.

1987년: 6월 항쟁

1997년: IMF 외환 위기 시작
2000년: 6·15 남북 공동 선언
2000년: 김대중 대통령 노벨 평화상 수상

1979년: 12·12 군사 정변
1980년: 5·18 민주화 운동

1961년: 5·16 군사 정변

1960년: 3·15 부정 선거
1960년: 4·19 혁명

껍데기만 남은 나라

1904년~1905년: 러일 전쟁
1905년: 을사조약 체결

청일 전쟁으로 중국이 떨어져 나가고 일본의 세력이 커지자, 우리나라는 러시아와 친하게 지내기 시작했어. 일본과 러시아는 서로 조선을 차지하기 위해 세력 다툼을 벌였지.

이때 일본에게 유리한 일이 생겼어. 러시아가 커지는 것을 싫어하는 서양의 다른 나라들이 일본과 친하게 지내기 시작한 거야. 서양의 여러 나라는 이렇게 생각했어.

'러시아가 커지면 우리가 불리해.'

'러시아를 잡을 나라는 일본밖에 없어. 일본과 친하게 지내자.'

일본은 서양 여러 나라에게 도움을 받아 더욱 힘을 키웠지. 그리고 때를 노려 러시아와 러일 전쟁을 벌였어.

일본은 러일 전쟁을 벌이는 동안 자기네 군대를 우리나라에 머물게 했어. 러일 전쟁에서 승리한 다음에는 우리나라의 몇몇 대신들을 구슬려 고종 황제의 허락도 없이 '을사조약'을 억지로 맺었지. 일본은 이것으로 우리나라의 외교권을 빼앗아 버렸어. 이제 우리나라는 껍데기만 남은 나라가 되고 말았단다.

고종 황제를 끌어내린 일본

1907년: 헤이그 특사 사건
1907년: 고종 퇴위, 순종 즉위

"아이고, 억울해라!"
"흑흑, 이제 우리에게는 외교권이 없어."
"저, 나쁜 일본 녀석들!"

을사조약에 찬성한 다섯 대신을 '을사오적'이라고 해요.

을사조약을 강요하고 헤이그 특사 사건을 핑계로 고종을 왕위에서 물러나게 했어요. 조선을 식민지로 만드는 데 앞장선 인물이에요.

외교권을 잃게 된 을사조약의 내용이 알려지자, 사람들은 가슴을 치며 슬퍼했어.

우리나라 신문에서는 일본 침략의 중심 인물인 이토 히로부미와 조약에 도장을 찍은 다섯 대신을 호되게 공격했어.

고종 황제의 초상

고종 황제도 가만히 있지 않았어. 고종 황제는 네덜란드의 헤이그에서 열리는 만국 평화 회의에 몰래 특사를 보내 세계 여러 나라에 일본의 침략을 알리려고 했어. 하지만 일본의 방해로 뜻을 이룰 수 없었어.

일본은 헤이그 특사 사건을 핑계로 고종 황제를 왕위에서 끌어내리고 황태자였던 순종을 왕위에 올렸단다.

나라를 위해 나선 의병들

1907년: 국채 보상 운동 시작
1907년: 대한 제국, 군대 해산
1909년: 일본, '남한 대토벌 작전'으로 의병들 진압

대한 제국을 꿀꺽 삼키려는 일제의 속셈은 착착 진행되었어. 이번엔 대한 제국의 군대를 없애 버렸지.

군인들은 전국으로 흩어져 각 지방의 백성들과 함께 의병이 되었어. 의병들 가운데에는 양반도 있고, 농민도 있고, 상인도 있고, 군인도 있었어. 의병들은 온몸을 부딪쳐 싸웠어.

그동안 신식 학교도 많이 세워졌어.

"우리 민족의 힘을 기르기 위해서는 젊은이들을 키워야 합니다."

"젊은이들의 정신을 일깨울 수 있는 교육이 필요합니다."

많은 젊은이들이 학교를 다니며 나라를 사랑하는 마음과 일제에 저항하는 마음을 키웠단다.

의병들은 나라 안에서 싸우는 게 힘들어지자, 나라 밖 국경 근처로 나가서 일제에 맞서 싸웠어. 의병들은 나라를 지켜 내려는 의지로 똘똘 뭉쳤어.

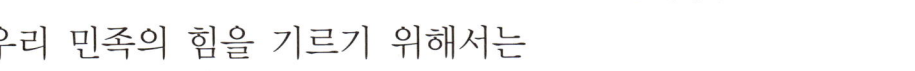
1890년대 의병들의 모습이에요

'국권 피탈'로 잃어버린 나라

1909년: 안중근, 이토 히로부미 죽임

1910년: 국권 피탈

이토 히로부미는 조선뿐 아니라 아시아를 일제의 식민지로 만들기 위해 앞장섰어. 많은 이들이 이토 히로부미를 원수로 생각했지. 안중근 의사는 이토 히로부미를 없앨 결심을 했어.

'아시아를 손에 넣으려는 검은 마음을 품은 일제. 그 일제를 대표하는 자가 이토 히로부미이다. 나는 아시아의 평화를 위해 그자를 처단하겠다.'

이토 히로부미가 만주를 방문했을 때, 안중근 의사는 총을 쏘아 이토 히로부미를 죽였어. 그 뒤 체포되어 사형을 당했지.

그로부터 반 년도 안 되어 일제는 강제로 우리나라의 통치권을 빼앗았어. '국권 피탈'이 된 거야. 이때 맺은 조약의 1조는 '대한 제국의 황제 폐하는 나라의 통치권을 완전히, 또 영원히 일본 제국의 황제 폐하에게 넘겨 준다'라는 것이었단다.

안중근 의사

태극기 들고 만세를 부른 사람들

1910년: 대한 제국을 조선으로 바꿈, 조선 총독부에서 식민 통치 시작
1910년~1918년: 토지 조사 사업
1919년: 3·1 운동

1910년의 국권 피탈로 조선 왕조는 519년 만에 끝나고 말았어. 일제 강점기의 조선은 일제가 만든 조선 총독부가 다스렸어.

일제는 조선 땅을 조사하고 정리한다며 '토지 조사

3·1 운동 때 종로 거리의 만세 시위 모습

사업'을 벌였는데, 글이나 복잡한 절차를 모르는 농민들은 조상 대대로 물려받은 자기 땅을 제대로 신고하지 못했어. 일제는 제대로 신고되지 않은 땅은 모조리 빼앗아 버렸지. 이때 수많은 농민들이 땅을 잃었어. 조선 사람들은 일제의 헌병 경찰에 벌벌 떨고, 일본어로 교육을 받아야 했어.

이때, 세계를 휩쓴 제1차 세계 대전이 끝나면서 '자기 민족의 일은 민족 스스로 결정하고 다른 나라의 간섭을 받지 않아야 한다'라는 '민족 자결주의'가 발표되었어. 일본에서 공부하고 있던 우리나라 학생들은 여기에 영향을 받아 독립 선언서를 만들었단다. 이

소식을 들고 국내에서도 독립 선언서를 만들어 발표했어.

전국 방방곡곡에서 온 겨레가 함께 목숨을 걸고 3·1 운동을 벌였어. 사람들은 칼도 총도 없이 손에 태극기를 들고 "독립 만세!"를 외치다가 일본 군의 총에 맞아 목숨을 잃었단다. 이런 비참한 상황에서 어떤 나라도 우리를 도와주지 않았어. 민족 자결주의는 그저 겉치레일 뿐이었거든.

민족 자결주의가 발표되자 희망이 싹텄어요.

일본 유학생들은 독립 선언서를 만들었어요.

국내에도 그 소식이 전해졌어요.

1919년 3월 1일, 전국에서 3·1 운동이 벌어졌어요.

빼앗긴 나라를 되찾기 위한 독립 투쟁

1919년: 대한민국 임시 정부 수립
1920년: 봉오동 전투와 청산리 대첩
1927년: 신간회 설립
1932년: 이봉창과 윤봉길 의거

3·1 운동은 수많은 사람들의 가슴에 독립 운동의 씨앗을 심어 주었어. 중국 상하이에는 조국의 광복을 위해 대한민국 임시 정부가 세워졌어. 임시 정부는 다른 나라와 외교를 하며 광복 운동을 펼쳤어.

만주와 연해주에는 이미 수많은 독립군 부대가 있었어. 홍범도 장군은 3·1 운동이 일어나자 독립군 총사령관이 되어 일본 군을 습격해 승리했고, 다음 해에는 독립군의 본거지인 봉오동에 쳐들어온 일본 군을 물리쳤어. 김좌진 장군과 함께 청산리에서도 일본 군을 크게 무찔렀단다.

국내의 독립 운동 단체들은 힘을 합쳐 신간회를 만들었어. 신간회는 청년 운동을 지원하고, 일제와 타협을 반대했어.

임시 정부의 두 젊은이, 윤봉길과 이봉창은 자신의 목숨을 던져 독립 운동을 했어. 이봉창 의사는 일본 왕을 없애기 위해 폭탄을 던졌지만 실패했고, 윤봉길 의사는 일본의 중요한 인물에게 폭탄을 던져 성공했단다. 두 청년은 오래오래 사람들에게 기억되었어.

전쟁에 빠진 일제와 제2차 세계 대전

이 무렵, 전 세계의 경제가 무척 나빠졌어. 공장은 문을 닫고, 무역은 줄고, 실업자가 늘어났어. 식민지가 많은 나라들은 식민지가 자기 나라하고만 무역을 하게 해서 경제 위기를 넘기려고 했어. 그러자 식민지가 없거나 적은 나라들은 더욱 어려워졌어. 독일과 이탈리아, 일본은 다른 나라를 식민지로 만들어 경제 위기를 이겨 내려고 했지. 그래서 제2차 세계 대전을 일으켰단다.

일제는 중국 대륙을 침략한 데 이어 동남아시아의 여러 나라들도 차례로 점령했어. 나중에는 미국의 진주만을 공격해서 태평양 전쟁을 일으켰어.

그동안 조선은 일제가 전쟁하는 데 필요한 물자를 만드는 기지가 되었어. 우리나라 청년들은 전쟁터나 광산으로 끌려가 일을 했어. 여자들은 전쟁터에 끌려가 일본 군인의 노리개가 되었지.

일제는 우리말을 쓰지 못하게 금지하고, 우리 이름도 일본 식으로 바꾸도록 강요했어. 곳곳에 신사를 세우고는 우리나라 사람들에게 강제로 참배하도록 했어. 우리의 민족 정신을 없애려는 계획이었지.

기다리고 기다리던 광복이 됐지만

1945년: 8·15 해방
1945년: 모스크바 3상 회의

전쟁을 일으킨 이탈리아와 독일은 연합군에 차례로 패했어. 마지막으로 패한 일본은 1945년 8월 15일에 무조건 항복을 선언했단다. 제2차 세계 대전이 끝나면서 우리나라도 광복의 기쁨을 맞게 되었지.

"대한 독립 만세!"

"광복 만세!"

사람들은 기쁨에 넘쳐 만세를 외쳤어. 그러나 곧바로 불안한 일이 벌어졌어. 조선을 미국과 소련, 두 나라가 맡게 된 거야. 38도선을 기준으로 소련군이 북쪽을, 미군이 남쪽을 맡아 머물게 되었지.

강대국들은 일본의 식민지로 있었던 조선이 자리를 잡을 때까지

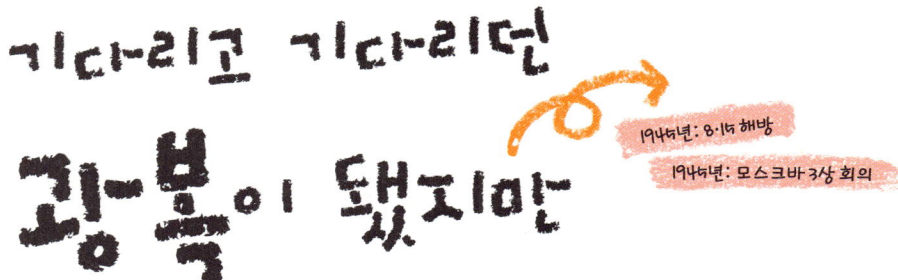

는 자기들이 맡아서 대신 다스리는 신탁 통치를 해야 한다고 여겼어.

이 해 12월에는 모스크바 3상 회의가 있었어. 제2차 세계 대전을 승리로 이끈 미국, 영국, 소련 세 나라가 모스크바에 모여 회의를 했지. 여기서 세 나라는 우리나라를 일정 기간 동안 다스리기로 결정했어. 이 소식이 전해지자, 우리나라에서는 신탁 통치를 반대하는 운동이 벌어졌단다.

총선거를 따로 할까, 같이 할까

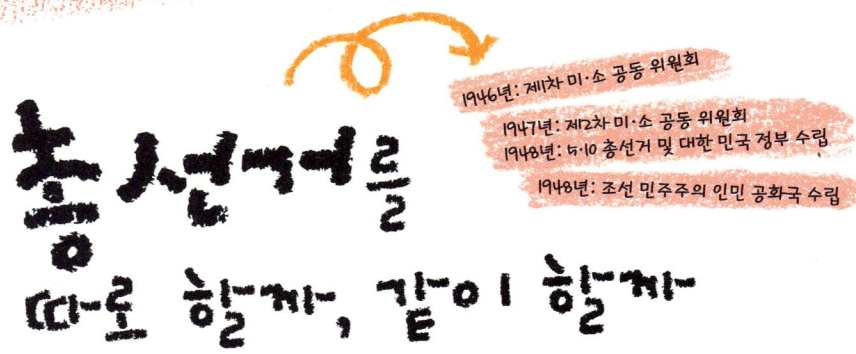

1946년: 제1차 미·소 공동 위원회
1947년: 제2차 미·소 공동 위원회
1948년: 5·10 총선거 및 대한민국 정부 수립
1948년: 조선 민주주의 인민 공화국 수립

시간이 흐르며 신탁 통치 문제로 사람들의 의견이 갈라졌어.
"신탁 통치 반대! 우리나라는 우리가 직접 다스려야 하오."
"신탁 통치 찬성! 임시 정부를 만드는 게 중요하오. 신탁 통치 문제는 그 뒤에 얘기합시다."

그 뒤 임시 정부 수립을 위해 미·소 공동 위원회가 두 차례 열렸지만 신탁 통치 문제에 대한 미국과 소련의 의견이 달라서 회의는 아무런 결실도 맺지 못했어.

결국 국제 연합(UN)이 나섰어.
"총선거를 해서 정부를 만드시오."
북한은 총선거를 반대했어.
"먼저 미국과 소련이 철수하시오. 그 다음에 우리 힘으로 정부를 만들겠소."

남한은 총선거를 찬성하는 쪽과 반대하는 쪽으로 나뉘었어. 그렇지만 찬성하는 쪽의 힘이 더 셌어. 그래서 남한에서만 선거가 이루어졌어. 총선거로 국회 의원이 뽑혔고, 국회 의원들이 헌법을 발표했어. 초대 대통령으로 이승만이 뽑혔어. 대한민국 정부가 만들어진 거야. 그 뒤, 38도 선 북쪽에서도 김일성을 수상으로 한 조선 민주주의 인민 공화국이 만들어졌어. 지금의 북한이란다.

남한만의 총선거가 열리기 전까지, 남쪽 지도자들의 의견은 둘로 나누어져 있었어요.

결국 이승만 쪽의 의견대로 남한에서만 단독 선거가 이루어졌어요. 그래서 남한에 새 정부가 생겨났답니다.

전쟁이 만든 상처

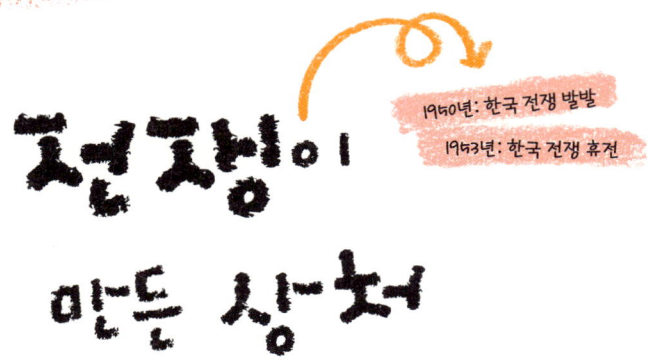

1950년: 한국 전쟁 발발
1953년: 한국 전쟁 휴전

　남과 북에 따로 정부가 생기고 2년이 흘렀어. 1950년 6월 25일 새벽, 북한이 갑자기 쳐들어왔어. 사람들은 허둥지둥 도망치기 바빴어. 처음에는 북한이 거침없이 남한으로 내려왔어. 하지만 미군 중심의 유엔군이 끼어들며 상황이 달라졌어.

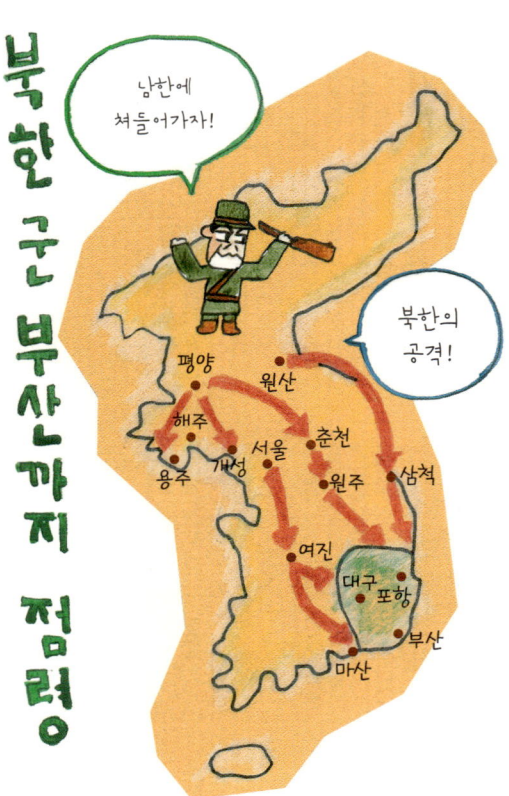

북한 군 부산까지 점령

　"북한은 남한을 침략했습니다. 북한을 물리쳐야 합니다."
　유엔군은 인천 상륙 작전을 펼쳤어. 작전은 성공했고, 북한 군은 유엔군과 국군에게 쫓겨 북쪽으로 밀려났어. 북한 군이 북으로 밀려나자 이번에는 중국이 불안해졌어.
　"미국이 북한을 이기면 그 다음에는 중국으로 쳐들어올 겁니다."
　중국 군은 북한 군을 돕기 시

유엔군의 참전

작했어. 중국 군과 북한 군은 38도 선 근처까지 내려왔어.

이렇게 오르락내리락하며 싸우는 사이, 집과 건물이 무너졌고 철도와 다리와 공장이 산산이 부서졌어. 아이들은 부모님을 잃었어. 남과 북의 수많은 사람들이 죽고 말았지.

중국 군의 참전, 휴전

한국 전쟁은 남과 북으로 갈린 채 끝이 났어.

전쟁은 남한과 북한 양쪽에 커다란 상처로 남았지. 남한과 북한은 지금까지 전쟁을 잠시 멈춘 휴전 상태로 갈라져 있단다.

학생들이 이끈 4·19 혁명

1960년: 3.15 부정 선거
1960년: 4·19 혁명

이승만은 우리나라의 첫 번째 대통령이 된 뒤, 12년 동안이나 독재 정치를 펼쳤어.

이승만을 지지하는 자유당은 이승만이 계속 대통령 자리에 있을 수 있도록 헌법을 바꾸는 등 못된 짓을 많이 저질렀어. 국민들은 이승만과 자유당을 점점 싫어하게 되었단다.

1960년, 정·부통령 선거가 벌어지게 되자 자유당에서는 이승만이 대통령 후보로, 이기붕이 부통령 후보로 나왔어. 이승만은 이기붕을 꼭 부통령 자리에 앉히고 싶었어.

"표를 조작해 이기붕이 뽑히게 하시오."

이기붕은 부정 선거로 부통령에 당선되었어. 국민들은 화가 머리끝까지 났어.

"독재자 이승만은 물러나라!"

"부정 선거 다시 하라!"

처음에는 학생들이 시위에 나섰어. 시민들도 뒤를 따랐지. 이승만은 힘으로 시위를 막으려고 했어. 경찰들은 시민들에게 총을 쏘았고, 수많은 젊은이들이 죽거나 다쳤단다.

그러나 사람들은 굴하지 않았어. 대학 교수들이 용감히 나서서 시위를 했고, 뒤이어 온 국민이 시위에 나섰어. 결국 이승만은 대통령 자리에서 물러나고 말았단다.

경제 성장의 빛과 그늘

1961년: 5·16 군사 정변

　이승만이 대통령 자리에서 물러난 뒤, 민주당의 윤보선이 대통령에 당선되었어. 그런데 몇 달 만에 5·16 군사 정변이 일어났어. 박정희를 중심으로 한 군인들이 서울로 들어와 윤보선 대통령을 물러나게 했지.

　그로부터 1년 뒤, 선거를 통해 박정희가 대통령이 되었어. 박정희 대통령은 18년 동안 대통령으로 있으면서 국가의 경제 발전을 위해 노력했어. 경제 개발 계획을 세워 산업을 발전시켰고, 농어촌을 개발하는 새마을 운동도 펼쳤어. 우리나라의 경제는 그 덕분에 눈부시게 성장했단다.

　그렇지만 경제 발전을 위해서는 많은 노동자들이 적은 월급을 받으며 오랫동안 일을 해야 했어. 자연히 노동자들의 불만이 커지게 되었지.

　또 박정희 대통령은 사람들이 정권에 어떤 비판도 할 수 없도록 법으로 막았어. 사람들은 민주적으로 참여하는 민주 정치를 갈수록 바라게 되었어. 사람들의 불만이 점점 커지던 때에, 박정희 대통령은 중앙 정보부장의 총에 맞아 목숨을 잃고 말았단다.

1960년대, 우리나라의 경제는 눈부시게 발전했어요.

하지만 이때 노동자들은 힘들게 일하고 돈은 적게 받았어요.

5·18 민주화 운동

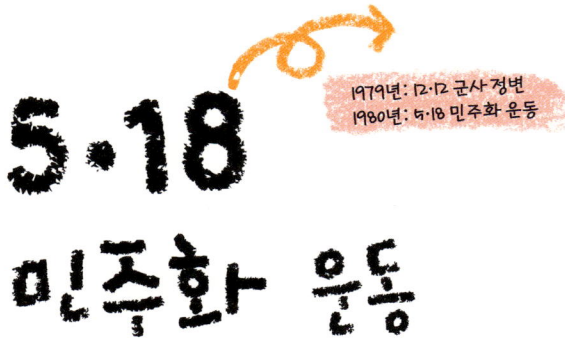

1979년: 12·12 군사 정변
1980년: 5·18 민주화 운동

　박정희 대통령이 죽자, 국무총리였던 최규하가 대통령이 되었어. 하지만 일주일도 안 되어 군인들이 12·12 군사 정변을 일으켰어. 전두환을 중심으로 한 군인 세력이 다시 권력을 잡게 되었지. 민주주의를 바라고 있던 국민들의 불만은 점점 커졌어. 민주화를 바라는 시민들과 학생들은 전국에서 시위를 벌였어.
　그러자 권력을 잡고 있던 군인 세력은 전국에 군대를 출동시켰어. 전라남도 광주시에도 군인들이 출동해서 학생들이 등교하는 것을 막았어. 화가 난 학생들은 군대와 부딪혔지.

"군대는 물러나라. 우리는 민주화를 원한다!"

군대는 시위하는 학생들에게 총을 쏘았어. 나중에는 민간인들에게까지 총을 쏘아 댔단다. 시민들과 학생들은 군대에 맞서 싸웠어. 군대는 갈수록 잔인하게 총을 쏘았고, 어린이도 여자도 노인도 총에 맞아 쓰러졌어. 이 일이 있고 나서 4개월 뒤, 전두환이 대통령으로 뽑혔어. 광주에서 무슨 일이 있었는지는 몇 년 동안이나 밖으로 알려지지 않았단다.

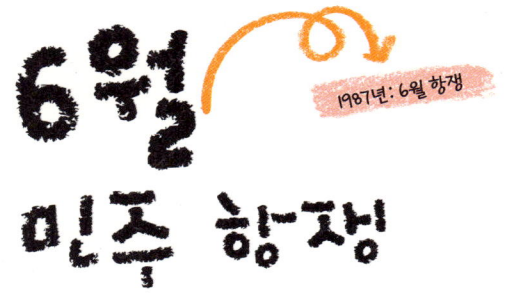

6월 민주 항쟁

1987년: 6월 항쟁

전두환 대통령은 대통령을 연달아 두 번이나 했어. 이때에는 국민이 직접 대통령을 뽑는 대통령 직선제가 아니었어. 선거인단이 대통령을 뽑는 대통령 간선제였단다. 새로 대통령 선거를 하게 된 1987년 6월, 국민들은 힘을 합쳐 민주화 운동을 펼쳤어.

"우리는 우리 손으로 직접 대통령을 뽑고 싶다!"

"잘못된 헌법을 없애라!"

그러자 대통령 후보에 올라 있던 노태우가 대통령 직선제로 헌법을 고치겠다고 선언했어.

"대통령을 국민의 손으로 직접 뽑게 하겠습니다."

"민주화를 요구하다 감옥에 갇힌 사람들을 풀어 주겠습니다."

"시민의 권리를 빼앗지 않도록 하겠습니다."

6·29 민주화 선언은 국민들의 오랜 노력이 만들어 낸 값진 결과였어.

그해 12월, 대통령 직선제로 노태우 대통령이 당선되었고, 그로부터 4년 뒤에는 김영삼 대통령이 당선되었어.

IMF를 이겨 내고, 북한과 가까워지고

1997년: IMF 외환 위기 시작
2000년: 6·15 남북 공동 선언
2000년: 김대중 대통령 노벨 평화상 수상

1990년대 말, 우리나라의 경제는 무척 어려웠어.
"외국 기업이 돈을 갚으라고 난리인데, 갚을 달러가 없어요."
"이러다 우리나라가 망하면 어쩌죠."
우리나라는 IMF(국제 통화 기금)에서 외화를 빌려 다른 나라에 진 빚을 갚아야 했어.
이렇게 어려운 때에 김대중이 대통령 자리에 올랐어. 김대중 대

청년 김대중

국회 의원으로 활동하며 자기의 의견을 당당히 밝혔어요.
에~ 여러분 그러지 않아요~
우리나라의 민주화를 위해 노력했어요.
순순히 따라와~
조용히 해!
외국에서 민주화 운동을 계속했어요. 납치를 당하기도 했어요.
감옥에 갇혀 사형을 당할 뻔하기도 했지요.

통령은 기업이 수출을 많이 하도록 돕고, 금 모으기 운동과 달러 모으기 운동을 펼쳤어. 열심히 노력한 덕에 우리나라는 위기를 넘기고 IMF에 진 빚을 4년도 안 되어 다 갚을 수 있었어.

또 김대중 대통령은 남북한이 교류하고 협력할 수 있도록 '햇볕 정책'을 펼쳤어. 나그네가 강한 바람에는 외투를 꽁꽁 여미고 따뜻한 햇볕에는 훌렁 벗듯, 북한을 부드럽게 감싸 안으려고 했지. 북한의 김정일 국방위원장은 김대중 대통령의 햇볕 정책을 반기고 북한으로 초대했어. 두 정상은 6·15 남북 공동 선언을 하고 평화롭게 남북 문제를 풀어 가자고 약속했어. 김대중 대통령은 평화에 기여한 공로를 인정받아 노벨 평화상을 받았단다.

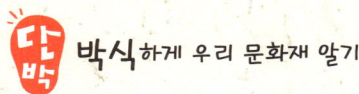 박식하게 우리 문화재 알기

독립 투쟁과 관련된 사적

독립을 선언하기 위해 만든 '독립문'

독립문

고종 때 독립 협회가 1896년부터 1897년까지 대한 제국의 독립을 선언하기 위해 만든 문이에요. 국민들에게 모금을 해서 모은 돈으로, 청나라 사신을 영접하던 영은문이 있던 곳을 허물고 그 자리에 세워졌지요.

지금 독립문은 원래 자리에서 70미터 정도 떨어진 곳에 세워져 있어요. 1979년에 도로를 만들며 옮겨졌답니다.

3·1 운동이 일어난 '아우내 사적지'

1919년 고종 황제가 돌아가신 해에 3.1 독립 운동이 일어났어요. 학교에 다니고 있던 유관순은 학교가 문을 닫은 뒤 고향인 병천으로 돌아와 만세 운동을 준비했어요.

음력 3월 1일, 유관순은 병천 아우내 장터에서 뜻을 함께 하는 3천여 명의 사람들과 만세 운동을 펼쳤어요. 이날 일본 군은 태극기를 든 주민들에게 총을 쏘아 댔어요. 유관순의 부모는 그 자리에서 죽음을 당했고, 유관순은 체포되어 감옥에 갇혔어요.

가슴 아프고 숭고한 역사를 담고 있는 아우내 장터에는 유관순 열사와 만세 운동을 기리는 아우내 사적지가 있답니다.

독립 투사들이 갇혀 있던 '서대문 형무소'

서대문 형무소는 일제가 대한 제국 때에 만든 형무소예요. 일제에 저항하는 독립 운동가들을 가두기 위해 만들었지요. 일제 강점기 때에는 독립 운동 투사들이 이곳에 갇혀 모진 고문을 당해야 했어요. 유관순 열사도 서대문 형무소에 갇혀 무서운 고문 끝에 목숨을 잃었지요. 서대문 형무소는 우리나라가 광복을 맞은 뒤 서울 구치소로 이름을 바꾸었어요. 이곳에는 나라의 독재 정책에 반대하는 사람들이 많이 갇혔어요. 민주화 운동을 벌이던 사람들도 이곳에 갇혔어요.

서대문 형무소

1987년에 서울 구치소가 다른 곳으로 옮겨 간 뒤, 이곳은 사적으로 지정되어 민족의 수난과 독립 운동의 역사 교육 현장으로 쓰이고 있어요. 서대문 형무소에 가면 유관순 열사가 갇혔던 지하의 여자 감옥과 독립 투사들이 갇혀 있던 1평 남짓한 좁은 감옥들을 볼 수 있어요.